# 日本人だけが知らない
# 本当は世界でいちばん人気の国・日本

【大活字版】

ケント・ギルバート

# はじめに

本書の執筆も終盤に入った二〇一八年六月、四年に一度のサッカー「FIFAワールドカップ」のロシア大会が開幕しました。いずれも引けを取らぬサッカー強豪国の熱い戦いの火蓋が切って落とされました。

しかし、こうした世界大会の機会が訪れるたびに、私にはどうしても考えてしまうことがあるのです。国旗が揚がり、国歌を歌う——。この当たり前の風景が、日本で何の抵抗や呵責もなく受け入れられるのは、オリンピックとワールドカップのときだけではないのか。そこに、日本という国が抱える問題の一端が現れていると思えてなりません。

物心ついたころから国歌を歌い、国旗に親しむ。学校をはじめ公共の場では、ことあるごとに国旗が掲げられ、国歌が歌われる。洋の東西を問わず、どこの国でも当たり前の光景です。なぜかと問われるまでもなく、生まれ育った国、あるいは自分を国民として迎え入れてくれた国に、愛着や誇り、敬意を抱くのは当然だからです。

多くの日本人が一人の国民として、ごく当たり前の愛国心を抱けない最大の原因は、日本の戦後教育にあるのですが、日本人の大半はその歴史的経緯すら知りません。

そして、新聞・テレビなどの日本のメディアが、世界を舞台に活躍してきた日本人や、世界から日本がいかに注目されているかについて、本当のことを報じることもほとんどありません。

「戦前の日本はすべて間違っていた」とか、「日本はかつて極悪な戦争犯罪人が侵略戦争をしかけた国である」などと、みずからが拠って立つべき母国の歴史をコテンパンに否定されたら、誰だって自信をなくして当然です。これは強すぎた日本を弱体化させる目的で、アメリカなどの連合国が日本人に施した洗脳政策の結果です。

母親を憎むよう育てられた子どもと同じで、母国に対する愛着を持たないように育てられることほど悲しいものはありません。そう考えると、本来なら自然に育つはずの愛国心を欠落させたまま育った日本人は本当に気の毒です。

どこかの独裁国家を例にとるまでもなく、教育が個人に与える影響は大きいものです。幼いときから教え込まれた嘘に自ら気づくのは、なかなか難しいかもしれません。

しかし、嘘を信じ続けて一生を終えるよりも、今、何歳になっていようとも、真実を知ったうえで今後の人生を過ごすほうが幸せだと私は思います。ですから手始めに、日本という国と民族が外国からどう評価されているのか知ってほしいと思います。


歴史をさかのぼれば、幕末、視察のために欧米を訪れた日本の武士たちは、その立ち居振る舞いの美しさや、ほとんど未知なる西欧文化のなかでも動じない、凛とした態度によって、現地の人々の敬意を集めました。

無論、本人たちにとっては、すべてが「当たり前のこと」だったはずですから、そんな眼差しを注がれていたとは、おそらく知る由もなかったでしょう。

国の本質は、その国の人たちにとって「当たり前のもの」にこそ現れると思います。

現代においても、日本人にとっては当たり前のもの、普通のものが、どれほど外国人から羨望や憧憬の念をもって見つめられているか、皆さんはご存じでしょうか。「メイド・イン・ジャパン」の高品質な製品はもちろんのこと、日本の伝統文化、ポップカルチャーやサブカルチャー、繊細で多様な食文化、「おもてなし」の言葉にも表現されるホスピタリティ精神やサービス精神、圧倒的な清潔さと治安のよさ――。

古いものも新しいものも、ソフトの分野もハードな分野も、おしなべて、日本の製品や文化は、「クール（かっこいい、洒落ている）」なものとして、世界中の人気を集めています。それにもかかわらず、日本人には、その自覚がないように見える。「世界で愛される日本、知らぬは当の日本人だけ」、そんなふうに思えてくるのです。

かつて発展途上国と見られていた日本は、武士だけでなく庶民でも読み書きができて、好奇心が強く、最新技術の理解や習得も早かったことなどから、先進国を自負していた欧米列強から一目置かれました。その流れは歴史が移り変わり、日本が世界の経済大国となった現代に至るまで、脈々と続いているといってもいいでしょう。私自身、四〇年以上も日本に住んでもなお、日本の文化や国民性の素晴らしさに新鮮な感動を覚えることが度々あります。かくも奥深い魅力とポテンシャルをもつこの国を、当の日本の人たちが過小評価している現実が、残念でなりません。

ただし、正直いって、国家としての現代日本は国政も外交も、今なお不甲斐ない姿を露呈しています。これも日本人が自国を過小評価する一因かもしれません。大きな原因は、日本を弱体化させる目的でアメリカ人が草案を書いた日本国憲法という名前の「不平等条約」にあると思います。

一方、国を支えるそれぞれの国民、言い換えれば、日本の製品や文化、活動を発信する「市井の民」にスポットを当てれば、世界に誇るべき功績がたくさんあります。ぜひ、自国を貶める自虐史観から少し離れて、個々の日本人が収めてきた功績に目を向けてみてください。いったい日本の何が世界から憧れられているのか。それを知ることが、「日本人としての誇り」を取り戻す、ひとつのきっかけとなれば幸いです。

ケント・ギルバート

目次

## 第二章

# 義理

## ――誉れ高き「和の心」

第三章

## おもてなし
### ――世界を感動させた「心意気」



第四章

## 様式美
### ――世界を驚嘆させた「創造性」

# 序章

## 日本の新聞・テレビが隠す日本文化の「粋」

### ——民間の「草の根精神」こそ日本の誇り

# 幕末の志士から受け継がれる世界に冠たる精神性

## 「国」でなく「民」が「世界一人気の国」・日本

本書のタイトル「日本人だけが知らない本当は世界でいちばん人気の国・日本」を見て、皆さんは、どう思われたでしょうか。「わが国・日本には、誇るべきところはあるけれど、『世界でいちばん人気』というのは、正直、どうなのだろう……？」そう思われた方も多いかもしれません。

でも私は、是非とも本作では、このように謳《うた》いたいと思いました。

なぜなら、日本の新聞・テレビではほとんど報じられませんが、決して大げさではなく、日本は「世界一人気」といえるからにほかなりません。それも一つの分野においてだけではなく、多くの面において、これほど世界の人気を集めている国は他に存在しないといっても構わないでしょう。

たとえば、米『タイム』誌が行った世論調査では、対象国二〇カ国中、「国家イメージがいい国」は二〇〇七年から四年連続で一位でした。また、英ＢＢＣが行った「世界にいい影響を与える国」に関する世論調査（二〇一二年）でも、やはり日本が世界で一位です。

同様の調査結果は、まだあります。次に挙げるのは国別ではありませんが、ある旅行サイトが七万五〇〇〇人もの旅行者に調査した「行ってみてよかった都市」では、主要四〇都市中、「東京」が一位でした。

さらには、世界シェアで日本が一位を占めている商品は五七品目中、リチウムイオン電池やデジタルカメラ、タイヤ、産業用ロボットなど一一品目（二〇一六年）にものぼります。

品目数ではアメリカが一番、これは世界一の経済大国という経済規模からしても、当然といえるでしょう。また、近年は、日本製品が韓国や中国、あるいは台湾の勢いに押される面もありました。それでも、「世界で一番売れている商品」が一一品目もあるというのは、やはり驚異的といえると思います。

## 日本在住約四〇年の外国人だから言える本音

そして、今挙げたような調査結果や統計は、日本在住約四〇年の外国人である私が、日ごろから日本に抱いている印象と相通ずるものがあります。

たとえば、日本人は約束を守ることは当たり前だと考えています。また、他人に嘘をつくことは基本的に悪だと考えています。そして謙虚であり、安易に相手を攻撃しません。それは法的な縛りがあるからといった「外側の理由」ではなく、ひとえに「内側の理由」——自分の言葉を違《たが》えないこと、尊大にならないこと、トラブルの原因や責任を他者ではなく己に求めることが日本人の美徳だからでしょう。

アメリカなど海外では、「約束は破られるもの」という前提で社会が成立しています。だからこそ、分厚い契約書に何でも書き込んで、トラブルが起きたら「あなたはこの部分の約束を破った」と裁判ですぐに証明できるよう備えているのです。そのような場合は、相手の悪い部分を実態以上に大きく見せ、ときには事実を捏造してまで相手を攻撃することで、自分の利益を守るのが当たり前という「性悪説」的な価値観なのです。

ところが日本人だけは、比類なき誠実さ、馬鹿がつくほどの正直さという「性善説」的な考えを「当たり前の信条」としているのです。素晴らしい国民性だと私は思いますが、それは他国の比ではないほど利用されやすく、騙されやすい国民性であるともいえます。


他国の比でないといえば、「日本の治安のよさ」は改めて指摘するまでもないでしょう。

たとえば日本では、財布や携帯電話などの貴重品を落としても、たいていは誰かが駅や警察に届けてくれて、ほとんど無傷のまま戻ってきます。真夜中の繁華街を若い女性が一人で歩いていても、危険な目にあう可能性は極めて低いといえます。いずれも他国ではまずあり得ないことです。

これらのことに端的に表れているように、日本は治安が非常にいい。むしろ「よすぎる」ために、海外の治安当局では、ある「クレーム」が聞かれることはご存じでしょうか。「日本人が無防備なのは日本が安全すぎるからなのか。せめて海外ではもっと気をつけてほしい」——私が実際に耳にしたハワイの警察官の「ぼやき」です。とりわけハワイは日本人旅行者が多いだけに、日本人がスリや置き引きの被害にあうたびに、ハワイの評判が落ちるのではないか、そのせいで日本からの旅行者が減ってしまうのではないかと恐れているようでした。

そういう私も、すっかり「日本慣れ」してしまったのか、家の鍵をかけようとして、うっかりドアに差したまま出かけた経験が何度かあります。羽田空港の駐車場では、車の鍵をドアに差したままで、泊まりの出張に出たこともありました。出先で気づいたときは内心焦りましたが、いずれも何事も起きていませんでした。

日本であれば、ほぼ問題ありません。ところが、その感覚のまま海外に行ったら大変です。現にイタリアに行ったときには、つい油断して、見事に盗難にあってしまいました。どうやら私も、「本国の治安がよすぎるせいで無防備になった日本人」の仲間入りをしたようです。ちなみに盗まれたのは日本語ＯＳのノートパソコンでした。日本語ＯＳだと知ったときのイタリアの犯人の顔が見たかったです。

さらに海外からの旅行者にとっては、「日本は街が非常にきれい」というのも驚くところのようです。

たしかに、日本では道端に落ちているゴミはわずかですし、駅などにある公衆トイレも清潔です。「いや、日本の街だって汚い」「駅のトイレは臭い」なんて思うかもしれませんが、それは、ずっと日本に暮らしているからです。少し海外に行ってみれば、どれほど日本の街がきれいか思い知るはずです。

日本人の清潔好きは、「お風呂好き」にも表れています。江戸の昔から銭湯は庶民の憩いの場として栄えており、江戸っ子は毎日、銭湯に通っていたといわれています。「垢が抜ける＝垢抜ける」という言葉が「洗練」を意味することからも、常に身を清く保つことを重んじる日本人の価値観がうかがわれます。

おそらく、その根底には神道の観念があるのでしょう。神道では八百万《やおよろず》の神、つまり万物に神が宿っていると考えます。神が宿るところは清く保たれなくてはいけない。となれば、自分の身の回りのすべてを清く保つべきである。こうした価値観が、日本人には、ＤＮＡレベルで刷り込まれているというわけです。

## ハードとソフトで世界を魅了し続ける「メイド・イン・ジャパン」

ここまで挙げてきたような日本のお国柄に加えて、特筆すべきは、日本人がつくり出す製品――「メイド・イン・ジャパン」の多大なる価値です。

かつてアメリカ人の間では、メイド・イン・ジャパンといえば「安かろう、悪かろう」の代名詞でした。私が子どものころはまだ、「落としたら壊れる」というイメージでしたが、そんな評判も今ではすっかり逆転し、メイド・イン・ジャパンは「高品質」の代名詞となっています。

以前は車やカメラ、家電などの工業製品がメイド・イン・ジャパンの代表格でした。ここ数十年はそこに、マンガやアニメ、ゲームなどが加わり、ハードにおいてもソフトにおいても、日本のプロダクトは世界中の人々を魅了してやみません。

文化産業としては、日本のファッションも注目されており、「かっこいい」「おしゃれ」といった意味合いをすべて包括した「kawaii《カワイイ》」は、東京・原宿を発信源とする一般語として、すでに世界各国で通用するようになっています。

日本文化は、海外のアーティストにも多大なる影響を与えていますが、それは今に始まったことではありません。古くはゴッホやモネといった印象派の画家の作品に、日本の浮世絵の影響が色濃く表れているというのは、よく知られている事実でしょう。

現代においては、小津安二郎や黒澤明などの日本の映画監督が、海外の映画クリエイターたちに大きな影響を与えてきたという話も有名です。

たとえば、人気映画シリーズ『スター・ウォーズ』では、日本の着物のようなデザインの衣をまとった「ジェダイ」と呼ばれる騎士たちが、光を放つ剣で戦います。同じ剣術でも、その様はフェンシングではなく、チャンバラそのものです。

それもそのはずで、同シリーズの監督、ジョージ・ルーカスは、黒澤作品の大ファンであり、ジェダイは「時代（劇）」、主人公たちの師匠となる剣士「オビ＝ワン」「クワイ＝ガン」は「（黒帯の）帯」「開眼」からきているともいわれているのです。

また、ジェダイたちには、「フォース」と呼ばれる不思議な力があります。水中に沈んだ巨大な戦闘機を持ち上げたり、人の思考を読んだり、行動を操ったりと、表面的には念力や超能力といった体ですが、本当はもっと奥深い概念であり、そこには、何かしら「禅的」な観念が通底しているように思います。

世界の芸術作品には、日本文化の神秘性や日本人の精神性が表れているものが少なくありません。『スター・ウォーズ』をほんの一例として挙げましたが、芸術作品の端々に現れる「日本らしさ」に、きっと海外のアーティストたちは新たなインスピレーションを感じるのでしょう。マルコ・ポーロが憧れた幻の黄金の国「ジパング」の時代から、日本はどこか神秘的な存在なのです。

## 「敵ながらあっぱれ」と思わせる潔い国民性

日本人の精神性というと、私には必ず思い出す話があります。第二次世界大戦中に「不死身の分隊長」と呼ばれた船坂弘《ふなさかひろし》です。彼の活躍は、当時のアメリカ兵を震え上がらせたのと同時に、日本人の神秘性と特殊性を強く印象づけたと思います。

船坂は、何度も何度も敵弾を浴び、軍医から自決用の手榴弾を手渡されるほど瀕死の重傷を負っても、数日後には回復して戦場に戻ったといわれる伝説の兵士です。戦後は東京・渋谷に大盛堂《たいせいどう》書店を開き、同書店は今でも、「世界一往来がある」といわれる渋谷のスクランブル交差点を見守っています。

船坂を支えていたのは、「何が何でも戦い抜く」という強い意志の力でしょう。それが肉体的な限界をも凌駕《りょうが》し、何度倒れても命をつなぎ、戦い続ける源となったのです。私はここに、武士道にも通じる日本的な精神性を感じずにはいられません。

今までの本でも書いているように、私は断じて戦争を礼賛しているわけではありません。任務の成功が自分の死を意味する特攻隊や、圧倒的な兵力差の前に「玉砕」が確実という中で、投降せずに最後まで戦った硫黄島やサイパン島、ペリリュー島、沖縄などの激戦……尊い命が多く奪われたことを思うと胸が痛みます。

ただ、不死身の分隊長にしても、特攻隊や多くの玉砕戦にしても、苛烈な戦いの中で日本の兵士たちが見せた戦いざまには、やはり「敵ながらあっぱれ」と思わせるものがあったと思うのです。現在は記念館としてハワイ・オアフ島の真珠湾に浮かぶ戦艦ミズーリには、沖縄戦のときに零戦の特攻機が突入した傷跡が残っています。

ミズーリのウィリアム・キャラハン艦長はこの特攻隊員の遺体を「名誉をもって自らの任務を全うした」として、海軍式の水葬で弔いました。戦火を交えた相手からも尊敬の念を抱かれるような、日本人の強く潔い精神性には感嘆を禁じ得ません。

## Grass Roots Patriots——民間の人々の「草莽」の精神こそ日本の誇り

草莽崛起《そうもうくっき》――これは私がとても好きな日本語の一つです。

「草莽」とは「草むら」の意、転じて「草の根の人々」、すなわち「民間の人々」。

「崛起」とは「急に起き立つこと」「抜きんでること」。合わせて「草莽崛起」とは、

「民間にあって地位や名誉を求めず、国家の危機には使命感や志を持って立ち上がる人々」といった意味合いになります。

「草莽の志士」といえば、吉田松陰や坂本龍馬、西郷隆盛など、歴史の大変革期に東奔西走した幕末の志士たちを指すというのは、ご存じの方も多いことでしょう。


実は英語にも、これと似た概念の言葉があります。Grass Roots Patriots――直訳すると「草の根の愛国者」であり、主にイギリスからの独立戦争において立ち上がったアメリカの民間の人々を指す言葉です。

最初に「草莽崛起」という言葉を知ったときは、難しい言葉だと思いました。でも、これをGrass Roots Patriotsと訳し、幕末の志士たちと、イギリスの圧政からの解放のために戦ったアメリカの先人たちを重ね合わせてみたら、すんなりと理解できた気

がしたのです。そして、これから本書で取り上げる人々も、ある意味では、「草莽崛起の人々」と呼んでいいでしょう。

残念ながら現代の日本は、一つの主権国家としては足りないことだらけです。自前の憲法もなければ、「自衛隊は軍隊である」と明言することすら、憲法第九条という条文の存在によって憚《はばか》られています。そのため、常に「アメリカ追従」などと誹《そし》られ、日本に対抗心を燃やす近隣諸国からは明らかに見くびられています。

このように、国家体制に根本的な問題を抱えている戦後日本は、国家としては、到底「世界一人気」とはいえません。失礼ながら、自分の祖国をそのような情けない体制にしたいとは誰も思いませんからね。「富国強兵」は国家の永遠の命題です。

さらに公教育や国内の諸制度に目を転じてみれば、いまだに、つまらない暗記中心の画一的教育が多いようですし、規制緩和とは名ばかりで、官僚や天下り先の団体などが既得権益を守るための岩盤規制が、まだまだ根強く残っています。

つまり、人材教育的にも国内制度的にも、世界中の注目と人気を集めるイノベーションを生み出すような発想力や創造力を、子どものころから芽吹かせて大事に育てたり、ベンチャー企業を支援したりするような国の基盤や風土は、今の日本では極めて脆弱であるといわざるを得ません。

このように、国家としては世界に胸を張れない中で、「世界一人気」といえる数々の事象は、天皇と皇室の存在を除けば、国の機構と基本的に無関係なところで生まれています。つまり日本の強みは国家的な強みではなく、すべて「民間の力に源泉がある強み」といえるのです。

もちろん、最近でこそ「クール・ジャパン」などと銘打ち、日本のサブカルチャーを世界に売り出していこうという動きが、「お上」のほうでも起こっています。でも、正直なところ、日本のカルチャーの現場に立ったこともない「お役人」が、何か有意義な文化振興活動を指導や指揮できるとは思えません。

もとより、西洋の文化が王族や貴族によるパトロン文化だったのに対して、日本文化の醍醐味は、江戸の昔から庶民文化にありました。

浮世絵、落語、歌舞伎、相撲——すべて庶民が担い手であり、庶民に愛され、庶民によって育まれた素晴らしい文化です。そう考えてみると、現代の「世界一人気」の源泉が民間にあるというのも、日本なら自然なことといえるのかもしれません。

これから、志や使命感、あるいは己の探究心によって、世界を驚かせてきた民間人――幕末の志士とはひと味違った「草莽崛起の人々」を取り上げていきます。私は、今後、「医療（健康）」「金融」「流通」「情報」「エネルギー」「環境」の六分野が伸びると考えているのですが、これらの分野の先駆者たちも登場します。

中には、すでに有名な人物もいれば、本書で初めて名前を知る人物もいることでしょう。ただ、ひとかたならぬ熱意を持って研究や事業や活動に勤《いそ》しみ、世界に名を轟《とどろ》かせたという点においては、誰一人として遜色ありません。

日本人の草の根の力が、いかにたくましく、世界に誇れるものを生み出す可能性に満ちたものであるか。国会審議を見ている限り、この国が国家としてなかなか一枚岩になれない今こそ、本書に登場する人物たちの生き様を通じて、日本人ならではの「草莽スピリット」を読者の皆さんが改めて思い起こしていただければ幸いです。

## 第一章

# 匠

――世界に轟かせた「ひらめき」の妙

# 世界に誇る「超ノーベル賞級」の功績

西澤潤一《にしざわじゅんいち》

## 一〇個のノーベル賞に値する天才

冒頭を飾る本章では、独創的な発明の数々で世界に「日本のものづくり」の素晴らしさを知らしめた発明品と、その生みの親たちの足跡をたどっていきます。

最初にご紹介するのは、「ミスター半導体」とも称される西澤潤一《にしざわじゅんいち》という人物です。西澤には、比較的新しいところで石原慎太郎元都知事と意気投合して就任した「首都大学東京初代学長」としての顔、さらにもっと広くは、おびただしい量の「一般啓蒙書の著者」としての顔があります。

では、その本業は何かというと、科学者です。西澤は「ミスター半導体」「光通信の父」と呼ばれ、一九八九年に「文化勲章」、二〇〇二年に「勲一等瑞宝章」を受章しています。

まごうことなき偉大な日本人――そういっていいはずですが、西澤のどこがどのように偉大なのかをきちんと説明できる日本人は、それほど多くはないでしょう。実は、それも無理はないと思われる事実があります。

最先端の科学情報に詳しいはずの特許庁の審査官が、何度にもわたって西澤のノーベル賞級の特許申請を却下しているのです。

その結果、西澤の持つ数々の特許は、ほとんどが外国のものという皮肉な結果になっています。また、過去に日本が国としてノーベル賞候補に三回も推挙しているのですが、結局のところ受賞には至りませんでした。

実は私自身、根っからの文系ということもあって、西澤の功績をよく知りませんでした。それが、あるきっかけで「西澤潤一の研究家」を自認する齋藤武雄氏（現・東北大学名誉教授）のブログ「harbeman《ハービマン》の blog」を目にしてから、俄然、興味が湧いてきたのです。

「10個のノーベル賞に値する　西澤潤一」（二〇一四年一〇月二〇日付）

「特許も、エジソンに並ぶ一一〇〇件有している」（同年一〇月一七日付）

齋藤氏は、西澤をこのように表現しています。

近年、日本人学者のノーベル賞受賞が増えており、二〇一四年には青色発光ダイオード（LED）の発明者である赤崎勇《あかさきいさむ》、天野浩《あまのひろし》、中村修二の三氏がノーベル物理学賞を同時受賞しました。

そのとき、「なぜ、西澤潤一が彼らと共に受賞できないのか」という抗議の声が湧き起こりました。なぜなら西澤は、赤と緑の発光ダイオードの開発者としてすでに世界的に著名で、一九八三年に「半導体部門のノーベル賞」といわれる「ジャック・A・モートン賞」を日本人として初めて受賞した人物でもあったからです。

光の三原色はRGB（レッド・グリーン・ブルー）で、この赤緑青の三色の混ざり具合によってさまざまな色彩が生まれます。テレビもそうです。発光ダイオードも同様で、このうち赤と緑を開発したのが西澤でした。しかし、青だけはなかなか開発できなかったため、それを世界に先駆けて開発した中村修二氏らがノーベル賞を受賞したのです。

## 赤色・緑色のLEDという偉大なる発明

といっても、発光ダイオード研究の最初の功労者は西澤だけではありません。「日本経済新聞」（二〇一四年一〇月八日付）は、「LEDでノーベル賞受賞　実用化、日米の先人も貢献」と題する次のような内容の記事を掲載しました。

「ホロニアック氏が開発したLEDは暗く、弱い光しか出なかった。この問題を解決したのが西澤潤一・東北大学名誉教授だ。ヒ素やアルミニウムなどを使って赤色LEDを明るい赤色に光らせることに成功した。同氏はその後、緑色のLEDを開発し、『赤、緑、青』の光の三原色のうち二色が60年代に実用レベルに達した」

ホロニアックはイリノイ大学名誉教授で、「LEDの父」と呼ばれる人物です。アメリカでは「なぜホロニアックも同時受賞しないのか」という声が上がっているということも、記事は伝えています。

西澤自身もまた、ホロニアックらアメリカ人の研究の上に、自身の研究があることを認めていました。たとえば、地元のネットサイト「宮城の新聞」のインタビューでは、次のように述懐しているようです。概要を要約してご紹介しましょう。

「発光ダイオード自体は、我々がつくったんじゃないよ。前からあったんだよ。アメリカ人がつくったの。ところがその頃のものは、やっと光っていたくらいだった。……そこで我々は、光をたくさん出す、非常に明るい発光ダイオードをつくったわけだ。そうすると、まず、どんなところでも見えるようになる。

そして、見えさえすればよいのだから、わざわざギンギラギンにする必要はない。電気を減らせば、あまり光が出なくなるわけだ。電気が節約できるよね。それから、赤色も、緑色も、黄色もつくったわけ。

……赤色は一年間に2回、緑色と黄色は一年に1回、取り替えていた。ところが発光ダイオードというのは、我々が調べたところによると寿命30年。しかも、発光ダイオードでつくった信号灯の電力は、電球で光らせている時に比べて、10分の1くらいで済むのですよ」（取材・写真・文／大草芳江、二〇〇九年九月二日）

発光ダイオードを「実用レベル」にまで引き上げたこと。数ある西澤の功績のうち、まずわかりやすいものを挙げるとすれば、これでしょう。仙台市消防局青葉消防署片平出張所には、西澤が寄贈した世界初の非常に明るいＬＥＤ赤色灯が、今も光っているそうです。

## 自然、人、社会をつなぐ「工学」の底力

西澤は、一九二六年に仙台市で生まれました。父・恭助の勤務先の関係で東北帝国大学のあった仙台市に住み、大学も東北大学工学部に進みますが、「本当は理学部で物理をやりたかった。しかし、父に反対され、命じられるままに工学部電気工学科を受験した」と語っています。

もし西澤が電気工学ではなく物理の道に進んでいたらどうなっていたか——と考え

るのは興味深いことですが、物理の先生と電気の先生の違いについて、西澤自身はこう話しています。

「例えば、物理の先生と電気の先生では、研究していることは非常に近いのだけど、その受け取り方が非常に違っている。端的に表れている例は、炭酸ガス問題ですよ。『炭酸ガスが増え、その結果として地球温暖化が起こっている』と言っている物理の先生がいるんですね。ところがもう片方では、『どんどん温度が下がるのだ』と言う物理の先生もいる。

我々（電気の先生）からしてみると、『暑くなるか・寒くなるかを議論する間に、炭酸ガスをとにかく止めちまおうじゃないか』となるわけです。電気の先生は、割方、そのような考え方をするのです」（前掲「宮城の新聞」）

つまり端的にいえば、物理は「物事の真相を突き止めるもの」、一方、工学は、「人間の生活に支障をきたすような課題を解くもの」ということでしょう。

その証拠というべきでしょうか、西澤は、工学の「工」という字を次のように説明し、工学の果たすべき役割を説いています。

「上の横棒は自然が与えてくれたもの、下の横棒は人と社会を表していて、それを縦棒でつなぐのが工学だ」

「工学部の先生が言う『現実生活に役立っていく』ことは、ある意味から言えば、軽蔑すべきことかもしれないけど。けれども、やらなければ、生きていけなくなるでしょう。物理の先生、いくら立派な物理学をつくったって、やっぱり、それだけではご飯食べられなくなっちゃうよ」

「すなわち、そういうこともちゃんと頭に置きながら学問をしていないと、やっぱり困っちゃうわけだよね。だから我々が、自然科学を研究をしているとき、良い結果も出さなければいけないけれども、同時にそれを使って、外国にものを売れるようにしよう、ということを絶えず考えているのです」

「……自然科学を使うと、いろいろなことに役立つし、たくさん金儲けもできる。そういうことをどんどん科学者が中心になって、国民にしてあげなきゃいけない。それが、工学者のひとつの立場なんですよ」(すべて同右)

研究だけに明け暮れて、世間知らずの学者になることは許されないと、西澤は若いころから思っていたのです。

## 「自分で飯を食える男」になれ

学生時代、父に言われてしぶしぶ工学部に進んだために真面目に勉強をしていなかった西澤が、「ご飯を食べていけるような仕事をしなければならない」という考え方に目覚めたのは、終戦後の悲惨な実情を目の当たりにしたことがきっかけだといいます。

日本は、戦争中も食料不足で苦しんでいましたが、終戦直後はその比ではありませんでした。戦争が終わって海外からおびただしい数の引き揚げ者や復員兵が帰って来たのが、大きな原因でした。

もともと食料自給率の低い日本はたちまち食料不足に陥り、「これから、どうやったら皆がご飯を食べて行けるようになるのか」と考えざるを得なくなったのです。西澤は真剣に考え続け、ある結論に達します。

「考えてみたら食料は、買えば良いのだ。食料を買うためには、お金があれば良い。科学を使って、いろんな新しい商品をつくり、欲しい人に分けてあげる。そこで収益を確保すれば、そのお金で、食料品を買うことができる。だから、応用というものを馬鹿にしてはいけないよ」（同右）

飽食の時代といわれて久しい今日でも、皆で売れるものをきちんとつくっていないと、ご飯を十分に食べられないと、西澤は若い人たちを諭しています。そのことに関連して西澤は、あるとき、卒業生名簿を見ていて面白いことに気づいたと言っています。

また、「戦争中とか就職事情の悪い時代に学窓を巣立った者がいる一方で、景気がよくて各社から請われ、偉そうな顔をして入社した時代もある。しかし、引く手あまたの時代に就職した人は、総じて仕事をしていないから、あまり偉くならない。そこへ行くと、厳しい就職状況をかいくぐって、かろうじて就職し、必死に生活を立ち上げてきたというような人は、良い仕事をするから偉くなる」といった趣旨の発言もしています。

今の時代の若い人は「ご飯が食べられない」ということに対する実感がない方が多いはずです。そういう人たちには、こうアドバイスしています。

「あまり良い事ばかりある世の中に出ていくことは、本人にとっては、むしろ不幸せなのよね。……不幸せな条件下で育つと、ひとりでにちゃんと皆、勉強するようになるんです」（同右）

## 「光通信の父」にして「ミスター半導体」

光通信は今では当たり前になっていますが、西澤が世界に先駆けて光通信に注目したのは、戦後間もない一九五〇年代のことでした。

光通信には「発光素子」「受光素子」「伝送経路」の三要素が必要で、その三要素に必要不可欠な基本技術である半導体レーザー、ＰＩＮダイオード、光ファイバーなどを、西澤は一九五〇年代にすべて考案しました。

半導体レーザーはＣＤやＤＶＤのデータの読み取りや書き込みに使われており、光ファイバーは電話線の三〇〇〇倍もの容量の情報を送れる最先端技術だそうです。

西澤が「光通信の父」とか「ミスター半導体」と呼ばれているのは、このことによっています。二〇〇二年には、発明王トーマス・エジソンや有線電話の発明者グラハム・ベルらと並ぶ「ＩＥＥＥメダルズ」の一四番目として「ＩＥＥＥニシザワメダル」が創設されています。

ＩＥＥＥ（The Institute of Electrical and Electronics Engineers, Inc.）は、アメリカに本部を置く電気工学・電子工業技術の学会で、そこが与える賞のうち最も権威があるのが「ＩＥＥＥメダルズ」なのです。

## 誰もやらないことをやる――創造性の九つの源泉

東北大工学部の准教授・田邉匡生《ただお》氏は、二〇〇一年四月から八年間にわたって行われた西澤との共同研究を通じて、西澤の「独創性」に対するこだわりを肌身に感じたと語っています。

「研究とは、先がわからないものです。登山に例えれば、『こちらに進めば良い』という地図はありません。……他人が全くやっていないことを進めていかなければならないとき、普通は、不安になってしまう部分も多いと思うのです」（前掲「宮城の新聞」）

しかし、西澤には確たる信念があるので、どのような状況に置かれても、迷うことなく不屈の信念で頂上へ頂上へとどんどん突き進んでいく。これこそが独創力だと感じていると田邊氏は語ります。

また田邉氏は、こうも述べています。

「普通は、環境が変われば人も変わっていくことが多いと思いますが、西澤先生の信念は、ずっと変わっていません。人は1年1年、歳をとっていくものですが、年齢的なことも感じません」（同右）

そんな「独創性」について、西澤自身は、「『独創能力』には九つある」と語っています。それは、①気力、②体力、③知力、④独創力、⑤集中力、⑥決断力、⑦指導力、⑧夢・ロマン・理想・志、⑨運です。

単に他人が注目しないことに目を向け、人がやらないことに邁進するだけでは、独創能力とはいえない。研究を続けるさまざまな能力、そして研究を支える熱い志がなければ、研究で身を立てていくことはできないというわけです。

NHK総合テレビが、特集「光通信に賭けた男 ～独創の科学者・西澤潤一～」（四九分）を放送したのは、今から三〇年以上前の一九八五年三月四日のことです。二〇一三年九月二二日に「NHKアーカイブス」という番組で再放送されたので、ご覧になった方もいるのではないでしょうか。番組では、こう評されていました。

「光通信の世界的先駆者、東北大学西澤潤一教授（当時五八歳）は、光通信の基本三要素を発明、提唱し今日の高度情報通信システムの基礎を築いたが、一〇年早すぎるといわれる独創性ゆえに国内では異端視され、彼の発明の多くは海外で認められた」

類まれなる「独創能力」をもって、人がやらないことを、しかも「世の中の役に立ち、自分もご飯を食べていけること」を念頭にやってきた一人の男。西澤が、日本国内でいち早く認められなかったのは非常に残念なことです。

日本人のノーベル賞受賞にたびたび沸いてきた日本ですが、その大きな賞ですら捉えきれないほどの幅広い功績を上げてきた人物として、是非とも西澤潤一の存在、その偉大な功績を胸に刻んでほしいと思います。

# 特攻専用機「桜花」への痛恨の思いを託した「夢の高速鉄道」

三木忠直《みきただなお》

## 特攻性能しか持たない飛行体「桜花」を生んだ技術者

大東亜戦争（太平洋戦争という呼び名は占領中に日本が使用を強制された戦後生まれの日本語です）の当時、世界に名だたる性能を誇った日本の軍需技術が、戦後になって形を変えて生かされた例はいくつも知られています。

世界に冠たる技術という点では、一時期、向かうところ敵なしの強さを誇った「零戦（零式艦上戦闘機）」が有名です。その設計者・堀越二郎は、最近もアニメ映画『風立ちぬ』で、零戦設計者として実名で取り上げられました。

しかし、一時は無敵だった零戦ですが、アメリカはアリューシャン列島のアクタン島に不時着した零戦をほとんど無傷のまま回収し、徹底的なテスト飛行を行うなど、研究に研究を重ねました。リバースエンジニアリングにより零戦の特長と欠点を分析した上で、米軍の戦闘機の性能向上に役立てます。さらに空中戦の戦術も研究したことで、零戦は無敵どころか、次々に撃墜されるようになりました。それに対して、資源も燃料もまったく不足していた日本は技術開発も遅れがちで、アメリカのように大量の戦闘機を量産して戦線に投入することができません。

次第にパイロットの養成も追いつかなくなり、終盤には十分な操縦技術を持たずに飛び立ったケースもあるといわれる特攻作戦へと至ったのです。堀越は戦況が悪くなるにつれ、零戦が次々に特攻機となったことに対して、痛恨の手記を残しています。

その後、さらに追い込まれた日本は、その特攻に対して、零戦のようなフル装備で高価な戦闘機ではなく、目標に体当たりする特攻性能にのみ特化した、安価な「飛行体」を開発することにしました。

それは「桜花《おうか》」と名づけられました。文字通り「花と散る」ための、飛行機とはいえない「飛行体」だったのです。堀越にもまして、特攻に特化した飛行体を設計しなくてはならなかった設計者の心中は、どのようなものだったでしょうか。

華々しく活躍した時代もあった零戦の設計者は、戦後、その経験と技術を国産旅客機設計などの平和日本のために生かしたことで知られます。しかし、戦果の面からも悲劇性しか持ち得なかった桜花に関しては、設計者が脚光を浴びることはほとんどありませんでした。

実は、桜花の設計者も、大きな心の曲折を経て、戦後の日本のために大変貴重な貢献をしています。その事実を、今の日本人にもっと知ってもらいたいと私は考えています。その技術者が、三木忠直《みきただなお》です。

## 「自分が乗る」と言った海軍少尉の提言

一九〇九年一二月、香川県高松市に生まれた三木は、東京帝国大学（現・東京大学）工学部船舶工学科を卒業し、海軍航空技術廠《しょう》に入り、海軍技術士官になりました。

桜花の設計は、一九四四年六月ごろ、海軍少尉の大田正一が、航空技術廠長・和田操中将に提案したものです。当時、航空技術廠で技官だった内藤初穂《はつほ》さんは、戦後、ノンフィクション作家として関係者に取材していますが、大田少尉は、三木に誘導装置はどうするかと聞かれ、人間が乗ると答えたそうです。

そして、三木が「そんなものはつくれない。技術的に見ても、兵器と呼べるものではない、体当たりというが誰を乗せるのか」と反対したのに対して「自分が乗る」と答えたといいます。

三木は当時、「ドイツが開発しているV1号の目標が地上であるのに対して、この戦闘機の目標は、空母・戦艦・輸送船の海上である。成功するためには、V1号のように無人機ではなく有人機でなければならない。しかし、これには人命がかかっている」と語り、その悩みを解決したのは、大田の「自分が乗る」という言葉であり、彼が各方面に説いたことだと言ったそうです。

その結果、三木は、同じく海軍航空技術廠に勤務し、東大の教授となった山名正夫技術将校と研究を開始しました。航空技術廠には風洞実験装置があり、民間飛行工場の指導も行っていたことから、愛知航空機にも協力を要請しています。

風洞実験とは、人工的に小規模な空気の流れを発生させ、実際の流れを再現して観測することをいいます。発生させた流れの中に縮小した模型などを置き、風速や風圧を調整し、ひもやスモークなどを用いて空気の流れを見えるようにするのです。
やがて、同年八月、桜花の研究は、軍上層部も認めることとなり、航空技術廠は、研究と試作を正式に命じられました。

こうして出来上がった桜花は、ロケット噴射で進む爆弾に羽がついた形をしています。これに人が乗って敵艦まで誘導するのですが、桜花自体には、離陸するための機能はついていません。

そのため、敵艦の近くまでは大型の一式陸上攻撃機（一式陸攻）につるされて運ばれ、敵艦発見と同時に搭乗員は桜花に乗り移り、母機から切り離されて、敵艦に突入するのです。たった一機で戦艦を撃沈できるはずの新兵器でしたが、搭乗員は間違いなく戦死するというので、のちに「人間爆弾」とも呼ばれるようになりました。

ちなみにこれは後日談ですが、この「切り離し式」に関しては興味深い話がありま す。三木の娘である東洋大学名誉教授の棚沢直子によると、世界で初めて音速を超えたアメリカのロケット飛行機「X－1」の開発において、三木の考案した技術が参考にされた可能性があるというのです。（『文藝春秋』二〇一〇年九月号「『勝つ日本』40の決断―世界一安全 新幹線を生んだ特攻機『桜花』設計者の十字架」以下、棚沢の引用は同記事より）

きっかけは、三木がアメリカの宇宙開発計画を描いた映画『ライトスタッフ』を観たことだったといいます。その中にX－1も登場するのですが、それが空中で母機から切り離される方式が、まるで桜花そのものだった。それを、三木はずっと不思議に思っていたそうです。

桜花とともに、一式陸攻の後継機として開発中だった大型爆撃機銀河も、終戦直後にアメリカ軍に接収されています。そして終戦からわずか二年後に、桜花と同様の切り離し方式がとられたX－1が音速を超えた。これは単なる偶然でしょうか。

実は、音速を超えたときのX－1操縦者、チャック・イェーガーが八〇年代に来日した際、三木を訪ねたときの逸話があります。三木が映画で見たX－1のことを尋ねると、「桜花も銀河も、当時の世界最高の技術だった。アメリカ軍が三木の技術を参考にした可能性はある」と語ったそうなのです。

## 桜のように散った「桜花」の戦果

話を三木忠直に戻しましょう。桜花が初めて出撃したのは、一九四五年三月のことでした。

新聞発表によると、三木は、「自分が設計したロケット機でこれらの勇士たちが神去りませしとは……必死ではなく決死必中の兵器を心に誓った。大田少尉が案を持参したから設計・制作をした。この成功は、関係者一致のたまもの」と、感激の言葉を述べたそうです。

当時「一億総玉砕」という言葉に、多くの日本人が感化されていた時代です。三木のこの言葉も、当時の世相を反映したものといえそうです。とはいえ、一〇回出撃した桜花の戦果は芳しくなく、大勢の戦死者を生むことになってしまいました。

残されたさまざまな出撃記録を見ると、それぞれ数字にばらつきはありますが、一〇回にわたる合計七八機の出撃で未帰還機五二機、桜花搭乗員の戦死者は五五人、桜花を搭載して動きの鈍くなった母機・一式陸攻（乗員七人）の戦死者は三六五人に上りました。

一方その戦果といえば、敵に与えた損害は、駆逐艦一隻撃沈、三隻大破、三隻小破、戦死者一五〇人、負傷者一九七人にとどまりました。

これらの記録を見ると、日本の被害のほうが明らかに大きいことがわかります。その理由はもちろん、母機から切り離した後に帰還する方法が設計上一切想定されなかったことにもありますが、もう一ついえることは、桜花を用いた特攻作戦自体が、致命的な欠陥を抱えていたということです。

ロケットエンジンを搭載した「桜花」の航行距離はわずか約七〇キロメートルでした。したがって母機は、アメリカ艦隊のレーダー探知範囲の内側まで潜入しなければなりません。機体の下に桜花をつるした一式陸攻は、護衛の零戦がすでに十分な数を確保できない状況の中、敵戦闘機に囲まれたら格好の標的です。桜花による作戦は、特攻を始める前に母機ごと撃ち落とされる可能性が高かったのです。桜花の損失数と比べて日本側の戦死者数が多いのはそのためです。

今、靖国神社境内にある、神社の祭神ゆかりの資料が展示されている宝物館「遊就館」には、「桜花」が天井からつるされる形で展示されています。

実は、戦後しばらくしてから、桜花に採用されなかった図面があることが、ニューヨーク州立大学の西山崇准教授の調査でわかったといいます。その図面には、操縦席を緊急脱出させる装置が描かれていました。「可能な限り、海軍に逆らってでも、命を大切にしようと考えていたのでしょうか」――三木の娘の棚沢はそう語っています。私にも、そうとしか思えません。しかし、ご存じの通り、その図面が採用されることはありませんでした。

## 戦後の航空業界を支えた五人のサムライ

度重なる空襲により全国の都市で数多くの民間人犠牲者が出たあと、広島と長崎に原子爆弾が投下され、長かった戦争はようやく終わりを告げました。敗戦国となった日本は、アメリカを中心とする連合国の占領下に置かれることになりました。

ＧＨＱ（連合国軍最高司令官総司令部）は、航空禁止令を布告。日本のすべての飛行機は破壊され、メーカーも航空会社も解体されてしまいます。大学で航空工学を教えることも禁じられました。

それらの厳しい措置が解かれたのは、一九五二年、サンフランシスコ条約により、日本が再び独立国になったときのことです。日本の企業に、飛行機の運航や製造が一部許可され、「航空法」や「航空機製造事業法」が施行されることになりました。

その結果、東京大学に、財団法人「輸送機設計研究協会」（略称・輸研）が設立されることになり、多くの企業が参加して小型旅客機の設計が始まりました。多くの企業を参加させたのは、一社が独占してしまうことを避けるためでしたが、結果として、「オールジャパン」と呼ぶべき名だたる人物の参加が可能となったのです。

そのメンバーには、前出の堀越二郎（新三菱）、太田稔（中島飛行機で戦闘機「隼」を設計）、菊原静男（新明和工業、川西航空機で「二式大艇」などを設計）、土井武夫（川崎航空機で戦闘機「飛燕《ひえん》」などを設計）などがいます。

いずれも、戦前の航空業界を支えた技術者たちであり、この四人に「航研機」の製作に携わった木村秀政を加えた五人は、「五人のサムライ」と呼ばれています。航研機とは、東京帝国大学の航空研究所が設計したもので、一九三八年、当時の長距離飛行記録をつくった実験機のことです。

そして出来上がったのが、「YS－11」と名づけられた旅客機です。しかし、「桜花」を設計した三木は、この国産初の旅客機設計に加わっていません。それには、彼なりの深い理由がありました。

## 「すべての労する者・重荷を負ふ者、われに来れ。われ、汝を休ません」

三木は、特攻専用機桜花を設計したことで、多くの前途ある若者たちを死に追いやったことに対して、大きな責任を感じていました。そこで、クリスチャンだった母親と妻のすすめもあり、キリスト教に救いを求めます。

日本がポツダム宣言受諾を発表し、第二次世界大戦が終わったとされるのは一九四五年八月一五日ですが（北方領土等の局地戦は九月まで続きました）、その年の一二月には、プロテスタントの日本キリスト教団に所属する中渋谷教会で洗礼を受けています。いかに自責の念が強かったことか、その心情が偲ばれてなりません。

三木の娘である棚沢は、次のような聖書の一節に出会って、背負った重荷を下ろす頼みにしたようだと語っています。

「すべての労する者、重荷を負う者、われに来たれ。われ、汝を休ません」

ちなみに、桜花の設計を提言した大田正一は、終戦直後に自殺したという噂が流れたそうですが、実は偽名で生き延びています。

彼は、一九二八年、一五歳のとき海軍に志願し、魚雷や爆弾を投下する攻撃機の搭乗員として日中戦争にも参加しています。

この攻撃機は、七人が乗って、操縦や射撃や通信などの役割を分担しますが、大田は行く先を指示する偵察員として戦火を何度もくぐり抜けてきました。いわばたたき上げの軍人だったといえるでしょう。

多くの若者を死に追いやった張本人として、大田を責める意見もあるかもしれませんが、彼もまた戦争の犠牲者だったのではないでしょうか。根っからの軍人だっただけに、「勝つためには手段を選ばず」という心境になったのかもしれません。

偽名といっても、妻の姓を名乗ったということのようですが、彼の息子は、大田のことを、子煩悩で、非常に面倒見のいい優しい人だったと語っています。桜花だけでなく、防弾装置がなかった零戦の設計などからも、昔の日本は全体的に人命を軽視する傾向が強かったように感じます。

一方のアメリカも、焼夷弾を用いた空襲や二発の原爆投下で大量の民間人を殺害した行為は、明確な戦時国際法違反です。また戦場では、倒した日本兵の遺体を辱めたり、頭蓋骨を戦利品として持ち帰るケースまであったと聞きます。

戦争とは、人間らしさを失わせてしまうところがあるようです。

## 「桜花」を彷彿とさせる新幹線の先端部

優れた航空技術者だった三木が、なぜ旅客機開発に参加しようとしなかったのか。

その理由は、ひとえに「戦争はこりごり」ということだったようです。旅客機は、いつまた戦闘機に転じるかわからない。自動車や船舶を選ばなかった理由も同様で、自動車は戦車に、船舶は軍艦に転じる可能性があったからでした。

そうした可能性が極めて低く、平和利用が基本というもの、それは鉄道しかなかったというわけです。

最初は大田の提案に反対したものの、結局は桜花をつくらざるを得なかった。当時の自分に忸怩《じくじ》たる思いがあったことからの選択だったのでしょう。

当時、国鉄（日本国有鉄道、JR各社の前身）は、陸軍・海軍で研究にいそしんでいた有能な技術者たちが、軍隊解体により活躍の場を失ってしまったことを残念に思い、多くの技術者を受け入れていました。

こうして、国鉄鉄道車両技術者として、鉄道技術研究所に勤務することになった三木は、初代の新幹線車両・「新幹線0系電車」の先端のデザインを設計しました。

なお、三木は新幹線のほかにも、小田急電鉄の新宿—箱根間を走る特急ロマンスカー3000形や懸垂型モノレールなどの設計にも携わっています。

私は、以前、前項で述べた靖国神社の遊就館の桜花を見て、新幹線が走って来ているような感覚を持ちました。後から桜花も新幹線も三木が開発したと知り、道理で似ているはずだと納得したものでした。

前出の棚沢も、同様のことを言っています。

「東海道新幹線を最初に走った〇系も、渋谷駅前に展示されている東急五〇〇〇系電車も、初代ロマンスカーの小田急三〇〇〇形電車も、父が設計した電車のデザインに共通していることがあります。それは、先頭部分が飛行機の機首にそっくりなのです」

つまり、ストリームライン（流線型）が、最も空気抵抗を減らす形だということでしょう。棚沢はまた、父の次のような言葉も紹介しています。

「飛行機の形を列車に持ち込みたいと考えている。車体を流線型にし、軽量化すればスピードは向上する。最高速度は二〇〇キロを超えます」

## 「平和産業」としての新幹線開発

日本最初の鉄道が開通したのは、一八七二年のことで、区間は新橋―横浜間でした。

その後、一九〇七年には、前項でご紹介した鉄道技術研究所が創立されています。

この研究所創立五〇周年に当たる一九五七年、「東京―大阪間　三時間への可能性」と題する講演会が催されました。

講演を行ったのは、車両構造研究室長に就任した三木忠直、軌道研究室長・星野陽一、車両運動研究室長・松平精《まつだいらただし》、信号研究室長・河邊一《かわなべはじめ》の四人でした。いずれも、海軍航空技術廠や陸軍科学研究所などで活躍したメンバーでした。それぞれ、「車両について」「線路について」「乗り心地と安全について」「信号保安について」の講演をしています。前項で触れた列車の形に関する三木の話は、この講演でなされたものです。

また、所長の篠原武司が基調講演を行い、その要旨は、篠原の談話をまとめた『新幹線発案者の独り言』（篠原武司・高口英茂、石田パンリサーチ出版局、一九九二年刊）によれば、次のようなものでした。

①鉄道技術研究所では、高速鉄道として平均時速二〇〇キロ、最高時速二五〇キロ

を目標に研究を進めていること。
②東京―大阪間は直線で四〇〇キロ、東海道線の距離としては約五〇〇キロだが、これよりも五〇キロ短い四五〇キロぐらいの路線を敷設することで、さらに時間短縮がはかれること。
③新しい軌道は既設の狭軌ではなく広軌、すなわち国際標準軌とすべきこと。
④このような条件を満たせば、東京―大阪間を三時間で結ぶことは技術的には可能であるが、それは経費の問題を含めて、国民の皆さまが決めるべき問題であること。

この計画を最も喜んだのは、国鉄総裁だった十河信二《そごうしんじ》でした。十河は、大正時代に、線路の幅を広くすることを主張していた当時の鉄道院総裁・後藤新平の部下だったために、鉄道はもともと広軌のほうがいいという強い信念を持っていたのです。

棚沢も次のように語っています。

「この講演が、十河信二国鉄総裁の耳に入り、あらためて父は、『夢の超特急』構想を、総裁や国鉄幹部の前で話しました。そして、『おれが引き受けた』という十河総裁の鶴の一声で、GOサインが出たのです」

この講演は、聴衆、つまり国民にも大きな反響を巻き起こし、新聞も好意的に紹介してくれたようです。

もちろん、反対意見も多々ありました。まず、第一の問題は経費でした。新たに広い軌道の東海道新幹線をつくるとすれば、一七二五億円もの費用がかかります。これは、当時の国家予算である一兆一八七七億円の、なんと約一四・五パーセントにも当たります。

航空輸送や高速自動車網という新たな輸送手段があるというのに、鉄道輸送にそれだけの費用をかける価値があるのかというのです。驚いたことに新幹線計画に対しては、当時、官民問わず非常に強い反対意見があったそうです。

こうした意見をものともしなかったのが、前述の十河総裁だったのです。当時七三歳だった十河は、「一徹者」という異名の通り、自分が正しいと思ったことはあくまで貫き通すだけの度量の持ち主でした。

## 「夢の超特急」誕生の日

こうして東海道新幹線建設計画はスタートすることになりました。

建設計画に拍車がかかったのは、その当時、一九六四年に東京でのオリンピック開催が決まったことでした。東海道新幹線建設は東京オリンピック開幕に間に合わせることになり、一九五九年、新丹那トンネル東口で起工式が行われました。

しかし、ここで再び経費の問題が持ち上がりました。用地買収がなかなか進まない中、高度経済成長期のさなかにあって買収費は高騰し、資材も値上がりしてということで、予算が当初の計画から大幅に膨れ上がってしまったのです。

そのため国鉄は一九六一年、世界銀行（国際復興開発銀行）から資金を借り入れる決断をしました。建設計画を進めた十河総裁と技師長の島秀雄は、その責任をとって辞任しています。

ただし、私が得た情報によると、予算が倍ほどかかることを二人とも最初から知っていたといいます。どうしようかと考えたとき、十河か島か、あるいは、それを支えた政治家か誰かが「最後に謝って辞任すればいいんでしょう」と言ったそうです。正直に予算を申告すれば、計画が取りやめになるかもしれないと考えたからでしょう。まさに「嘘も方便」ということわざを地で行ったということです。

私が思うに、これはまさに日本的発想です。現在の政財界を見渡してみても、謝って辞任する場面はたびたび見られます。潔さを見せればそれですむということなのでしょう。江戸時代なら切腹だったのだから、謝罪と辞任くらいなら安いものです。その姿勢には疑問を感じることもしばしばですが、新幹線に限っていえば、「嘘をついて自分が辞任することになったとしても、これは絶対にやるべき計画だから推し進める」という彼らの熱意には感服するしかありません。次世代の利益を考えてこういう大胆なことをできる人が、本当の「大物」なのでしょう。

ちなみに国際復興開発銀行（ＩＢＲＤ）とは、第二次世界大戦後の各国の経済復興を支援するために設立された国際金融機関で、本部はワシントンに置かれています。現在は世界銀行グループの一員なので、この銀行が世界銀行を指すこともあります。

業務が開始されたのは一九四六年で、翌年から国連の専門機関になりました。当初は先述の通り、戦争で荒廃した戦勝国に復興資金を支援するための機関でしたが、現在は発展途上国の支援が主になっています。

したがって戦後間もないころ、敗戦国である日本への貸しつけが成立したのは、もしかしたら特別なことだったのかもしれません。日本は新幹線だけではなく、黒部ダム（正確には黒部第四ダム、通称：くろよんダム）の建設でも、総工費五一三億円の四分の一に当たる金額の融資を受けています。

黒部ダム建設のときは、最初の計画に対して、「そんなに大規模なダムを、終戦直後の日本がつくれるはずがない」と言われたのを、さまざまな実験を実施し、自分たちで完成させられることを証明して融資をとりつけています。

さて、新幹線の話に戻しますが、資金面のみならず、建設そのものにも課題がたくさんあったようです。棚沢は、父から聞いた話として「超特急の実用化には、一七三もの課題があったそうです」と語っています。それらの課題をクリアしたのは、先ほど紹介した講演会における講演者たちのチームワークでした。

「父は車体の設計を担当。海軍航空技術廠で父の同僚だった松平精さんは、ゼロ戦の改良を担当した方で、高速走行による車輪の振動を空気バネを採用して解決しました。陸軍科学研究所で通信技術の専門家だった河邊一さんは、自動列車制御装置ＡＴＣを開発しました」

そして走行実験で、当時世界最速の二五六キロを達成したのは、一九六三年三月のことでした。その時代を知る方であれば、当時発表された童謡「はしれちょうとっきゅう」で歌われた歌詞により、二五〇キロが記憶に残っているのではないでしょうか。

しかし三木は、その一年前に鉄道技術研究所を退職し、実験の様子は自宅のテレビで見ていました。三木は、退職の理由をこう語りました。

「自分の技術はすべて出し尽くした。実験には絶対の自信がある。私は、あとのことは全然、心配しませんでした」

後年に三木は、「技術は本来的に人々を幸せにするものだ。絶対にそうでなくてはならない」と語っています。（二〇〇〇年十月四日、読売新聞大阪版）

では、三木が「人を幸せにする、そうでなくてはならない」と語った技術の一つの結実ともいえる新幹線は、具体的に、どのように人を幸せにしたのでしょう。少なくとも次のことは言えると思います。

・観光客が増えて、各地の経済が発展したこと。
・地方に住んでいる人々の生活が、文化的に充実したこと。
・クリーンであること。同じ距離を車で走れば約六倍の燃料、飛行機だと約四倍の燃料がかかります。$CO_2$の排出量も多くなります。

棚沢によると、生前の三木も、「世界一安全といわれた新幹線」をとても誇りにしていたそうです。

三木は、退職後、湘南モノレールから千葉都市モノレールに転職し、九〇歳まで勤務したそうです。享年は九六歳でした。また、フランスの高速鉄道・TGVが完成したのは、東海道新幹線開通から十七年後の一九八一年のことでした。そういう意味でも日本の新幹線は、世界的にも先駆的で代表的な高速鉄道であるといえるでしょう。

# 庶民にも手の届く先見的「予防医学」の果実、「ヤクルト」

代田《しろた》稔《みのる》

## 最先端の文化が往来する「日本最大の谷」

長野県伊那市や飯田市というと、一般にはどんなイメージを抱かれているでしょうか。諏訪湖から流れ出て太平洋にそそぐ天竜川の中流域で、東に南アルプス、西に中央アルプスがそそり立つ「日本最大の谷」、伊那谷《いなだに》と呼ばれる地域です。

私はこの地域に、三五年以上も前から特別な親しみを感じていました。一九八〇年にカリフォルニア州弁護士の資格を取得して、東京の国際法律事務所に就職したばかりの若いころ、初めて担当した仕事がアメリカの最新レーザークラフト技術のライセンス契約でした。その相手となった日本企業が伊那谷にあったのです。

実は、その懐かしい伊那谷が、最近になって二つの理由で、また急速に身近に感じられるようになって驚いています。

天竜川と共に、この谷を縫ってのんびり走るローカル鉄道・ＪＲ飯田線は、近年その過疎度を逆手にとって「秘境駅」として話題を呼んでいます。一方でこの「秘境」に最先端の技術の光が、深い山並みを突き抜けて訪れることになったのです。

もちろんご存じの方も多いでしょう。二〇二七年開業予定のリニア中央新幹線の長野県内の中間駅が、伊那谷にある飯田市に決まって工事が始まったと、地元は沸き返っています。開通すれば東京・品川から飯田までわずか四五分といわれています。かつて中央自動車道が開通する前の鉄道しか交通手段がない時代だと、東京・新宿から飯田まで早くて約六時間、高速道路が開通しても高速バスで四時間はかかりましたから、その所要時間の短縮は目覚ましいものがあります。

私にとっても、この懐かしい土地が最先端の技術で物理的・心理的に近くになることには無関心でいられません。これが最近また、伊那谷が私の心の中で身近になった一つの理由ではあります。

しかし、こうした近代技術の粋が訪れることを喜ぶ前に、すでに一世紀も前にこの地域から、世界をリードする先見的な文化の芽が生まれ育っているのです。このことを、地元をはじめとした日本人はもっと認識しておくべきだと思います。

実はこの地は、現代医学の上でも重要なテーマである「予防医学」の考え方を自分のライフワークと位置づけ、その研究成果を乳酸菌飲料「ヤクルト」として世の中に還元した医学博士・代田稔《しろたみのる》が生まれ育った土地でした。

アメリカでは一九八〇年代から注目されるようになった予防医学と、その考えをはるか昔から日本で取り入れていたヤクルトには、以前から注目していた私でしたが、その創始者の代田稔が、この伊那谷の出身だったとは最近知りました。

外来文化の影響や恩恵を受けるだけでなく、逆にそれ以上の独自の文化の成果を世界に発信しているケースが、日本人の先覚者には多いことに驚かされます。

同時に私の若いころの経験を含め、この「日本最大の谷」がなぜか最先端の文化が行き来する場所であり、それが代田の生き方と無関係ではないと感じました。

## 故郷で芽生え、大学で深まった「予防医学」への青雲の志

代田の乳酸菌研究の動機は、この地で芽生えた使命感だったといわれます。

ヤクルト八〇周年を記念するホームページに掲載された代田の伝記『ヤクルトの

父　代田稔物語』（原案・久保田千太郎、マンガ・ながいのりあき）を元に、情報を補足しながら代田の足跡をたどってみましょう。

代田は一八九九年四月二三日、長野県下伊那郡竜丘村（現在の飯田市竜丘）の紙問屋と養蚕業を営む家に生まれました。近くの天竜川流域には、福島県阿武隈川、徳島県吉野川とともに日本三大桑園の一つといわれた大桑園があります。伊那谷は明治日本の主要産業の一つである生糸生産が盛んで、代田の実家も地域では比較的裕福な家だったといいます。

しかし山深い伊那谷の作物は乏しく、栄養状態が悪いため、病気に勝てない子どもたちも数多くいました。代田は、良家の息子の呼び名である「ぼーま」（坊に「ま」は敬称）と呼ばれ、やんちゃながらも思いやりの深い少年だったようです。

往復二時間かけて徒歩で通った旧制飯田中学（現・飯田高校）で学ぶうち、病気に勝てる体づくりに役立ちたいと、医学の道を志すようになりました。志を果たすため旧制第二高等学校（現・東北大学）に進学し、三年間、生物の生命の研究に取り組んだ後、さらに研究を進めるため京都帝国大学医学部に入学します。

しかし、このころ日本はすでに戦争への道を突き進んでいて、代田はさらに人の命の大切さを思い知らされたようです。おまけにそのころの日本は、栄養状態のみならず衛生状態も悪かったので、伝染病で苦しむ人が数多くいました。

そうした背景もあって、代田の研究はさらに専門的になり、消化管に棲む微生物の研究へと没頭していきました。微生物である細菌は多くの病気を引き起こしますが、病気が進んでからではその病原菌を除くのは難しい。病気になる前に細菌感染を防ぐ、あるいは感染しても、その細菌に負けないような備えを予《あらかじ》めつくれないか――。

そう考えた代田の脳裏には、病気にかからないための医学である「予防医学」のイメージができ始めていました。最近でこそ「予防医学」の必要性は強く訴えられ、私も二〇年以上前から注目していますが、当時としては非常に新しい考え方でした。

後に商品化された乳酸菌飲料「ヤクルト」の、「代田イズム」として知られる次の三つの原則が、このころすでに芽生えていたと見ていいでしょう。

1、予防医学——病気になってからでなく、病気にならないための医療が必要。
2、健腸長寿——人が栄養をとる場所である腸の健康が長生きにつながる。
3、誰もが手に入れられる価格で——いくらいい医療でも高価では普及しない。ハガキ一枚、たばこ一本の値段で健康を。

## 現代医学の課題を先取りした着想

代田のこの考え方は、今日の私の問題意識から見ても、ずいぶん先進的なものといえます。戦後になってからも、西洋医学の主流は「予防医学」ではなく、病気になってから主にその症状を治す「治療医学」がほとんどでした。

日本人の死因も、厚生労働省統計によると戦後五年間ぐらいは、第一位が全結核（肺結核と肺外結核を合わせたもの）、二位、三位に肺炎および気管支炎、胃腸炎、脳血管疾患が続いていました。いずれも医療上の扱いは「治療医学」。発病や発症した後に治せるものは治すという対応でした。「予防医学」への関心はまだ低いものでした。

もちろん「予防」という概念がなかったわけではないのですが、それは特定の障害や伝染病に関するものでした。たとえば、小児麻痺に対するポリオワクチン、おたふくかぜや天然痘に対する予防接種などは経験した人も多いはずです。
しかし代田の発想は、そうした外からのワクチン接種などによらない、自分の体の中で病気に負けない、病気を予防する力をつくろうというものでした。東洋医学には「未病」や「医食同源」といった概念が大昔からありましたが、西洋医学の分野では、むしろ戦後しばらく経ってから出てきた新しい医学的課題なのです。

とくにその動きが盛り上がったのは、一九七七年、アメリカ上院栄養問題特別委員会（委員長ジョージ・マクガバン上院議員）が、世界中から学者を集めて行った有名な調査報告、「マクガバン・レポート」の発表からでした。

アメリカの国民一人当たりの医療費は世界一高いのに、平均寿命は二六位であるという現実を重視して、アメリカでは国家プロジェクトとして調査が始められます。世界中の国々を地域別、人種別などに細かく分けて、食生活と病気、健康状態との相関関係を専門的に分析しました。世界各国の医師、生物学者、栄養学者など三〇〇〇人を超える人々が二年間かけてさまざまな調査を行い、五〇〇〇ページにも及ぶ報告書が完成します。この「マクガバン・レポート」は、調査結果を踏まえて、アメリカ人の食生活の改善や、栄養補助食品の摂取なども提言していました。

とくに食生活の改善に関しては、日本の伝統的な「和食」が高く評価されましたが、当の日本では逆に、一九七〇年の大阪万博でのＫＦＣ（ケンタッキーフライドチキン）の上陸以来、ファストフード時代に突入という皮肉な結果になっています。

このレポートの影響で、アメリカ政府は医療費の大幅な削減を狙い、自己決定・自己責任の意識が強い国民が、自分の健康は自分で守れるように、薬事法の大幅な改正がなされました。つまり医療効果の一定のデータさえあれば、栄養補助食品や民間療法にまで、医療機会を広げることができるようになったのです。

このおかげでアメリカのサプリメント市場は飛躍的に伸び、西洋医学の医師たちも従来の「治療医学」中心では安閑としていられなくて勉強を始めました。勉強していないと、インフォームド・コンセント（医療説明と合意）の際に、副作用のないサプリメントや民間療法の選択肢はないかと患者に質問されても答えられません。勉強不足のせいで患者を失うだけならまだマシです。サプリメント療法の説明を受けることなく、医師がすすめた従来的な治療法を患者が選び、もし副作用が出て後遺症が残った場合、アメリカではとんでもない金額の損害賠償訴訟を起こされます。

こうしてアメリカではかなり「予防医学」的な動きが医師にも浸透しつつありますが、日本ではこの点に関して遅れているとしか言いようがありません。先進的な医師たちの中には、個人的に「予防医学」的な選択肢を提供している人もいますが、保険診療と自由診療を同時に行う「混合診療」はなかなか解禁されませんし、薬事法自体も旧態依然のままです。これは日本の「岩盤規制」の代表例です。

特定保健用食品（トクホ）の制度で多少は道が開けたかもしれませんが、これも正直にいえば、大企業のための利益誘導と思われても仕方がない状況でしょう。

## 最新の腸理論まで先取りした「健腸長寿」

こうした関心の高まりにつれ、「予防医学」には、次の三つの要素が重要であることが確認されました。

1、運動すること。

2、休養をとること。

3、栄養をとること。

この三つが「予防医学」に必須の要素という認識は世間になんとなく広がったのですが、私自身は健康分野に関心を持って勉強を始めて以来、「腸」が健康の大基本であることを、もっと強調すべきだと考えるようになりました。

これも、すでに代田イズムの二番目に謳われている「健腸長寿」と一致します。代田はこれを「予防医学」と並べて挙げていますが、私はむしろ「健腸長寿」も「予防医学」を支える重要なファクターだと思うのです。

アメリカの場合ですが、六〇年代、七〇年代に、たとえば食物繊維をたくさんとっている人はがんの発生率が低いことが指摘されました。ハーバード大学やスタンフォード大学の研究で、大腸がん、乳がん、前立腺がんなどが少なくなっていたのです。

こうした研究も「マクガバン・レポート」の調査開始のきっかけになり、その後の薬事法の改正につながったわけですが、要するに食物繊維による腸内環境の調整がうまく行われると、全身機能にプラスに働くのです。

食物繊維には水溶性と不溶性の二種類があります。水溶性食物繊維の作用は、どちらかといえば薬っぽい感じでお通じは柔らかくなり、糖や脂肪の摂取をコントロールするので血糖値やコレステロール値の安定につながります。

しかし、これだけで腸内環境が整うかというとそうではなく、不溶性の繊維が必要になります。不溶性は水に溶けずに水分を吸収して膨張し、腸壁を刺激します。それで蠕動《ぜんどう》運動が促されて、便がきれいに排出されるのです。排泄・排毒（デトックス）を、予防医学の四つ目の要素として考える研究者もいます。

これに加えてもう一つ、腸には重要な働きがあります。それは病原菌などと戦う全身の「免疫細胞」のうちの七割が、腸に存在するということです。それだけでなく、腸で外敵と戦う力を高めた免疫細胞は、血液に乗って全身に派遣され、要所要所で病原菌などを駆逐することが最近わかってきました。（ＮＨＫスペシャル二〇一八年一月一四日「人体」万病撃退！〝腸〟が免疫の鍵だった）

ただ、こうした最新の医学理論はわかったとしても、では一般の人間はその理論に基づいてどうしたらいいのかについては、必ずしも明らかではありません。その点、代田の研究は必ず実践につながっています。代田イズムの一項である「健腸長寿」は、最新の腸の研究理論を先取りした実践理論だとも言えるのです。

## 「予防医学」の決め手となった「ある発明」

まだまだ二〇世紀の「治療医学」一辺倒の西洋医学の枠にとらわれている日本の医療現場の現状から、翻《ひるがえ》って代田が一世紀近く前から目指していた「予防医学」の理念と実践を見ると、改めてその先見性に目を見張らされます。

代田は、アメリカ政府が二〇世紀の終盤になって目指し始めた国民自身による健康管理「ヘルシーピープル」という医療戦略を、すでに青年時代から人体の内部における自前の健康管理として思い描いていました。

——人間の体内には病気の元になる悪玉の細菌がいると同時に、その悪玉を退治して体を守る善玉の細菌もいる。その善玉細菌の中から、強いものを探し出して、さらに強化・増産できれば、「予防医学」に役立つに違いない。——

代田はそう考えて、善玉細菌である乳酸菌、納豆菌、酪酸菌、酵母菌などを、片端から調べていきました。

赤痢や疫痢といった当時の難病を簡単にはなくせない状況下では、そうした病原菌に感染しにくい体をつくるしかない。つまり「菌をもって菌を制す」という考えで、その役目にふさわしい善玉細菌を探すしかないと考えたのです。

候補に挙がる菌はいろいろあったのですが、問題は胃液や胆汁などの強い酸に負けてしまい、人間の健康を左右し、「健腸長寿」を担う「腸」までは、なかなか生きたまま到達しないということでした。

研究を進めるうちに、どうやら乳酸菌が一番いいということを発見し、代田はこの乳酸菌の中からさらに酸に強く、生きたまま腸まで到達し、悪玉菌と戦える乳酸菌を見つけ出しました。よく知られる乳酸菌食品のヨーグルトの大半は、お腹がすいたときに食べると、胃液で乳酸菌が死んでしまう確率が高まります。そのためヨーグルトは、食後に食べるといいとされています。

代田は、やっとのことで見つけたこの酸に強い乳酸菌を、さらに強化・培養し、量産できる方法にたどり着きます。一九三〇年、代田三一歳の京大講師時代でした。こうして後に「乳酸菌・シロタ株」(ラクトバチルス・カゼイ・シロタ株)と呼ばれる「ヤクルト」の元になる乳酸菌が誕生しました。

代田はこの研究の傍ら、同年に免疫システムに関わる研究で博士号をとり、翌三一年には医師免許を取得、三三年には京大医学部の助教授に昇進しました。

## 「代田イズム」を体現する販売方式

しかしこうした大学での勤務以上に、代田の構想は、この健康にいい「乳酸菌・シロタ株」をより多くの人にとってもらうため、安価でおいしく飲みやすい乳酸菌飲料の開発へと動いていました。

そしてついに一九三五年、この菌をたっぷり含んだおいしい乳酸菌飲料が完成し、これに「ヤクルト」と命名して販売を開始しました。製造・販売の拠点としては、有志の協力を得て福岡市に「代田保護菌研究所」を設立しました。

「Ｙａｋｕｌｔ《ヤクルト》」は、エスペラント語でヨーグルトを意味する「Ｊａｈｕｒｔｏ《ヤフルト》」からとられたネーミングです。世界共通語を目指したエスペラント語にあやかり、この乳酸菌飲料が世界中に広がるようにという願いが込められたのでしょう。

ただし、一般人にとってはまだ見慣れない新しい乳酸菌飲料ですから、販売方法にも工夫が必要でした。最初は牛乳販売店に依頼して、牛乳と一緒に売ってもらっていましたがうまくいきません。やはり、一人ひとり対面しての説明が必要です。ここに、「ヤクルト」独特の伝統になった「宅配」、訪問販売の方式が誕生しました。

価格はもちろん、代田イズムの三番目である「誰もが手に入れられる価格で――ハガキ一枚、たばこ一本の値段で健康を」に基づき、安価な小型容器にしました。

「代田イズム」には、実は前述の三つのほかに、代田がつねづね言っていたという次のような考え方も含まれていました。

「真心」「人の和」「正直・親切」「普及の心」「宅配の心」

こうした創業者の思いを受けて、客との一対一のふれあいによる販売は次第に全国に広がり始めます。代田自身はその後、日中戦争激化で一時徴兵されたのち、ハルピン医科大学に教授として赴任しますが、一九三九年にはこの職を辞し、下関市に「代田研究所」を設立して所長になります。

これで代田も「ヤクルト」事業に専念することになりますが、代田の研究開発・製造部門とは別に、一九四〇年には販売専門の組織「代田保護菌普及会」が各地に誕生します。この組織は全国に広がり、最盛期には五〇〇カ所にもなりました。

発売当時の日本は戦時色が濃くなっていて男手が不足しており、最初から女性販売員が活躍しました。もっとも宅配で接するお客さんのほうも、台所を預かる女性が中心でしたから、女性同士で話が通じやすかったことでしょう。

戦後も、一家の主の仕事というよりは、女性のアルバイトとして適した仕事だったので、女性販売員が定着し、一九六三年には「婦人販売店システム」を導入して、これが現在の「ヤクルトレディ」の元になりました。

## 時代の要請に応えた成長の軌跡

代田が打ち込んだ腸内細菌学は、戦後次第に注目されるようになり、善玉菌と悪玉菌のバランスが大事なことがわかってきました。乳児のころから若い時代は善玉菌が優勢で、加齢とともに悪玉菌が増えて、四〇歳ころから逆転するといわれます。

ただし、腸内細菌の七割は日和見《ひよりみ》菌といわれていて、どちらか優勢なほうに加勢する性質があります。悪玉菌が優勢になると、一気に腸内環境が悪くなる恐れがあるわけです。それを防ぐには善玉菌を増やさなければならないのです。

この善玉菌を増やすのに「プロバイオティクス」と「プレバイオティクス」という二種類の考え方があります。「プロバイオティクス」のほうは生きた乳酸菌やビフィズス菌などを口から取り入れる方法で、まさに「ヤクルト」がこれに当たります。「プレバイオティクス」のほうはオリゴ糖などの摂取がこれに当たり、生きた菌ではありませんが善玉菌の餌になります。

腸内細菌学や「予防医学」が関心を集める現代社会を見るにつけ、まさに代田が八〇年以上も昔に生み出した「ヤクルト」は時代を驚くほど先取りしたものだったと思います。販売の拡大に伴い、一九五五年には東京に株式会社ヤクルト本社が設立され、代田は請われて代表取締役に就任しますが、同時に代田研究所を京都に移し、その所長にも就任します。

その後も、一九六七年にはヤクルト本社内にヤクルト中央研究所をつくり、そこに代田研究所を吸収する形で、代田が研究所長に就きました。

結局、代田としては「代田イズム」が守られて「ヤクルト」の売上がどんどん伸び、多くの人々の健康増進に役立ててもらえれば、自分は好きな研究に専念し、経営にタッチしなくていいという心境だったのでしょう。

その後もヤクルト本社の業績は伸び続け、現在、世界で八万人以上のヤクルトレディにより、三八の国と地域で毎日、三五〇〇万本のヤクルト製品が販売されているといいます。二〇一八年三月期の売上高は、四〇〇〇億円を突破しています。

かつて二〇〇六年、ヤクルトグループのコーポレートスローガンが、「人も地球も健康に」と発表されましたが、これも代田の「世界中の人々の健康を守りたい」という願いに沿った多角的展開を目指したものといえるでしょう。

ヤクルトレディによる宅配システムを生かして、一人暮らしの高齢者を訪ねる「愛の訪問活動」なども地域社会から歓迎され、代田があの緑豊かな伊那谷で描いた健康弱者のために貢献したいという夢は、着実にかなえられたのではないかと思います。

# 気象による事故から世界を救った「ドクター・トルネード」

藤田哲也《ふじたてつや》

## 奇想天外な着想、大胆不敵な行動の「稀代の天才」

日本人が「トルネード」という言葉からすぐに連想する人物といえば、「ミスター・トルネード」と呼ばれた投手、野茂英雄《のもひでお》を思い浮かべる人が多いでしょう。

今から二〇年以上前の一九九五～六年ごろ、アメリカのMLB（メジャーリーグベースボール）で、野茂投手は体を竜巻のようにひねる「トルネード投法」という、独特なフォームから投げるフォークボールや剛速球で、打者を次々に三振に打ち取る大活躍をしました。MLBオールスターゲームで先発した経験もありますし、ノーヒッター（ノーヒット・ノーラン）は二度記録しています。

しかし、アメリカで話題になった日本人の「トルネード」は野茂投手だけではなく、もう一人の「トルネード日本人」が以前から存在したのです。

その人の名は、藤田哲也《ふじたてつや》――。この人も「ミスター・トルネード」と呼ばれていました。ところがこの名を聞いて、どんな人物なのかすぐに答えられる日本人は、残念ながらそれほど多くないでしょう。

藤田はアメリカで気象学者として尊敬され、「ドクター・トルネード（竜巻博士）」とも称されていた、竜巻研究の第一人者なのです。

西日本リビング新聞社が提供する「北九州大辞典」によると、藤田は一九二〇年、福岡県企救《きく》郡曽根町（現在の北九州市小倉南区中曽根）に誕生しました。幼いころ父に連れられ、貫山《ぬきさん》や周防灘《すおうなだ》で自然に親しんだといいます。私も一時、この小倉南区に住んだことがあるので、彼には特別な親しみを感じます。

藤田は「潮の満ち引きは月と太陽の引力で起こる」という父の言葉から天文学に興味を抱き、旧制小倉中学校（現在の小倉高校）へと進学し、望遠鏡を自作して太陽の黒点の観測を行うなど優れた研究を行い、同校で初の理科賞を受賞しました。

ところが、中学在学中に父が、その二年後には母が相次いで急死します。藤田は長男として幼い弟と妹を養うために職に就こうとしますが、藤田の才能を惜しんだ中学校の校長らの計らいで、明治専門学校（現在の九州工業大学）の特別給費奨学生として進学したのでした。

四年生のときには小倉中学校の代用教員を務め、卒業後すぐに明治専門学校の助手となり、そして早くも一カ月後には助教授に任命されました。

しかも、気象学は独学で始めたというのですから驚きですが、次第に本業よりもこの気象学に傾倒していくことになります。福岡管区の気象台に独自のデータを見せに行くこともあったそうですが、「気象屋」の常識とはまったく異なる観点からの解析に、気象台のスタッフたちは驚いて、藤田を特別待遇したといいます。

藤田は一九四七年、脊振山《せふりさん》山頂で下降気流の存在を発見し、その研究を論文にまとめたところ、アメリカ・シカゴ大学のホレース・ロバート・バイヤース教授から招かれ、一九五三年に渡米することとなります。

なぜ、突然シカゴ大学の教授から招かれたのか――。そこには非常に運命的なエピソードがありました。

一九四七年八月、藤田は福岡と佐賀の県境にある脊振山山頂の観測所で、上昇気流からなるはずの雷雲から生じる下降気流を観測します。藤田はこの発見を、中央気象台（気象庁の前身）が発行する論文集に発表しますが、雷雲からの下降気流は、日本では既知の事実で、とくに話題にもなりませんでした。

ところが、前向きで積極的な藤田は、観測所の隣にあったアメリカ軍のレーダー基地のゴミ箱でたまたま見つけた論文を頼りに、アメリカ気象学会会長を務めるシカゴ大学気象学部主任教授バイヤースのもとへ、自分の研究論文を送りつけました。

今では考えられない出来事です。ゴミ箱に論文がそのまま捨ててあったことも、アメリカ軍のレーダー基地に関係者以外の日本人が簡単に立ち入れたことも驚きです。そして、日本の無名研究者が世界的権威に「私の論文を読んでください」と手紙を出したわけです。これは非常に大胆不敵なことでした。

普通ならまったく相手にされないところでしょうが、二カ月後、バイヤースから藤田の論文を高く評価するという返信が届きます。それればかりか、何度かの往復書簡を経て、「研究助手として今すぐこっちへ来てくれ」という招待状まで送られてきました。

大学院にも行っていない、博士ですらない藤田は、バイヤース教授というパトロンの力で急遽《きゅうきょ》、博士号を取得してアメリカへ行くことになります。そして、彼の独創的な研究はここでも驚きをもって受け入れられ、脚光を浴びることになるのでした。

「幸運の女神には前髪しかない」などの、チャンスは一瞬だからチャンスと思ったら思い切りつかめというようなことわざは世の中に多くありますが、藤田はそんなことわざのさらに上を行っている印象を持ちます。

奇想天外な着想と抜群の行動力で、自分の力でチャンスを生み出してつかんだようなところがある、日本では珍しいタイプの偉人といえるのではないでしょうか。

## 「フジタ・スケール」の偉大なる功績

私はアメリカのユタ州、ロッキー山脈の麓の盆地で育ちましたから、トルネードを経験したことはほとんどありません。記憶の中では一度だけ州都であるソルトレイクシティの真ん中をトルネードが通ったことがありますが、とても局地的なものでした。

トルネードは、山があるところではほとんど起きません。日本でも関東地方なら千葉や茨城などの広い平野があるところで起きる印象があります。しかし、映画『ツイスター』のようなスーパートルネードは、日本ではおそらく起きないでしょう。

気象庁のホームページには、一九九一年から二〇一七年に、日本で起こった竜巻の確認件数が多い順番の表があります。北海道四七件、沖縄四三件、高知三四件、秋田二五件、宮崎二七件、鹿児島二四件です。全体的な傾向としては、東北地方の日本海側から北陸にかけてと、本州と四国の南岸や、九州および沖縄県で発生確認数が多く、東北地方の太平洋側と瀬戸内海沿岸では少なくなっています。

さて、藤田が渡米した当時、アメリカでは各地のトルネードの発生回数は記録されていましたが、その規模等は記録されていませんでした。

そこで藤田は、ミズーリ州カンザスシティの気象予報センター長であったアレン・ピアソンと共に、竜巻の規模を決める「フジタ・スケール」（Ｆスケール）を考案しました。

この業績は、もし気象部門のノーベル賞があったなら、受賞は間違いないだろうと称賛された素晴らしいものでした。Ｆスケールはアメリカの国立気象局で一九七三年から採用され、現在は国際的な基準として広く用いられています。こうして藤田はアメリカ人から「ミスター・トルネード」と呼ばれ、尊敬を集めたのです。

「Ｆスケール」は、ひとことでいえば、竜巻の強さを評定するための尺度です。建物の損壊程度や樹木損傷の状態から求めるもので、突風の被害状況が軽微なものから甚大なものになるに従い、Ｆ0からＦ5までの6等級で表されます。

たとえば、Ｆ0なら、約一五秒間平均で「テレビのアンテナなどといった弱い構造物が倒れる。小枝が折れ、根の浅い樹が傾くことがある。非住家が壊れる恐れがある」などとされ、Ｆ5なら約三秒間平均で「住家は跡形もなく吹き飛ばされ、立木の皮がはぎとられる。自動車、列車などが持ち上げられて飛行し、とんでもないところまで飛ばされる。数トンもある物体がどこからともなく降ってくる」などというものです。

次に示すのは、フジタ・スケールの改良型であるＥＦスケール（Enhanced Fujita〈EF〉SCALE）です。地震の大きさを示すマグニチュード（Ｍ）とともに、世界で使用される気象の指標の一つとなっています。

| ＊ＥＦスケール | 風速（m／秒） | 典型的な被害 |
|---|---|---|
| ＥＦ０ | ＜29～38 | 軽微な損害 |
| ＥＦ１ | 39～49 | 中程度の損害 |
| ＥＦ２ | 50～60 | 大きな損害 |
| ＥＦ３ | 61～74 | 甚大な損害 |
| ＥＦ４ | 75～89 | 壊滅的な損害 |
| ＥＦ５ | 90＜ | 信じ難い損害 |

二〇一三年五月二〇日、アメリカ・オクラホマ州を襲ったトルネードは、直径最大約三・二キロメートル、風速最大毎秒約九〇メートルで最大級の規模「ＥＦ－５」とされました。経路の長さ二七キロメートル、幅最大二キロメートルもの竜巻がムーア市（人口約五万五〇〇〇人）を通過したため、死者二四人という甚大な被害をもたらしました。ユーチューブで「moore tornado」のキーワードで検索すれば強烈な動画が見られます。

この未曽有の気象災害は世界で大きく報じられました。被災後の映像は二〇一一年三月一一日の東日本大震災による巨大津波の被災地を連想させました。

ちなみに日本ではこれまでに、Ｆ４以上の竜巻は観測されていません。

藤田の行動と実践の傾向を見ていくと、藤田が竜巻研究の第一人者となった要因の一つには、徹底した実証主義であったことが挙げられます。とにもかくにも、まずは被害現場に降り立ち、痕跡を撮影・観察し、膨大なデータを集積して分析します。

そして自分の推理を言葉で表現する能力にも長《た》けていました。このことから、「気象学のシャーロック・ホームズ」というニックネームがつけられましたが、とてもうまい表現だと思います。

また、藤田は絵図を描くのが大得意だったので、六色のペンを使ってカラフルに図をつくり、自然現象を明快にわかりやすく提示して人々を納得させました。このことから、藤田は「気象界のウォルト・ディズニー」とも言われました。

このような能力はアメリカに行ってからではなく、すでに若いころから発揮されていたといいます。実は、藤田は原爆が投下されて間もない長崎へ調査に行ったことがあります。そのときも、現場の被害状況から「爆風地図」をつくり、爆心の位置を高い精度で特定していました。調査・研究は藤田の天職だったといえるでしょう。

## 旅客機墜落事故の原因「ダウンバースト」を立証

藤田は多くのトルネードを分析した結果、トルネードが発生するには、まず親雲が存在することが前提条件と考えました。

そして、親雲から発生した渦が地形と気象との関連により、地上に到達したとき、トルネードとして発生することを推論し、この発生メカニズムを実験室で再現して見せたといいます。

そもそも竜巻とは、積乱雲や積雲に伴って発生する空気の細長く強い渦巻です。積乱雲の内部の強い上昇気流が何らかの原因で回転すると竜巻が起こりやすくなりますが、その発生のメカニズムはまだ十分に解明されていません。それでも、上空と地表の温度差により発生していることは間違いありません。

気象庁のホームページによると、アメリカでは年平均で約一三〇〇個（二〇〇四～二〇〇六年の統計）もの竜巻が確認されていますが、単位面積に換算すると、日本での竜巻の発生確認数はアメリカの半分程度で、決して少ないとはいえないのです。日本では季節を問わず、年平均約一七個（一九九一～二〇〇六年）、台風や前線、低気圧などに伴い全国各地で起きています。とくに多いのは台風シーズンの九月です。

藤田の残した業績はこれだけではありません。

一九七五年、ニューヨークのジョン・F・ケネディ国際空港で、イースタンエアライン66便が着陸直前に墜落し、一一二名もの命が失われるという痛ましい事故が起きました。

当初、この事故はパイロットの操縦ミスが原因との結論が出されましたが、納得いかない航空会社は、藤田に事故原因の再調査を依頼します。

66便は当時としては高性能のボーイング727の機体で、しかもパイロットはベテランです。事故直前、管制塔とのやりとりで、風の急変があったことはわかっていましたが、墜落を予感させるものではありませんでした。

そして何より、上空に積乱雲はあったものの、他の便は何事もなく着陸していたのです。雷雲、強風、そして原爆……。藤田にひらめきがありました。雷雲には短時間で局地的に発生する爆発のような下降噴流が存在すると――。

藤田は最終的に、航空機事故の原因が、上から下へ激しい突風をもたらす現象「ダウンバースト」（下降噴流）であったことを解明したのです。しかし、ことは最初から簡単に解決したわけではありませんでした。

なぜなら、当初、全米のほとんどの気象学者が、藤田の唱える「ダウンバースト現象」の存在を否定していたからです。

藤田はダウンバースト現象をめぐって激しい論争を続けながら、研究者生命をかけた観測計画の真っただ中に、自分の身を置かなければならなくなります。

結果、一九七六年、藤田はダウンバーストの存在を証明することに成功します。そして、イースタンエアライン66便の墜落事故の原因は、ダウンバーストであることが結論づけられました。

さらに一九七九年には、ドップラー効果による周波数の変化を観測するレーダーを使用することで、ダウンバースト現象が予測可能であることを立証したのです。

その後、藤田は各飛行場にドップラーレーダーを設置するように訴え、全米一五〇を超える主要な飛行場にはドップラーレーダーが設置されるようになりました。

現在では、全世界の主要な飛行場にドップラーレーダーが設置されています。

藤田のエピソードには面白いものがたくさんあります。その一つに、トルネードの発生源を探るために、積乱雲の上方にセスナ機で突入しようとしたというものがあります。

藤田が、トルネードとは最初に親雲である積乱雲から発生した渦が、地形と気象の関連で地上に到達したとき発生することを推論したという話は先述した通りです。

藤田はこの発生メカニズムを実験室で再現していましたが、実験室の再現結果では満足できず、トルネードの発生源である親雲の積乱雲の上方に、幾度もセスナ機で接近したといいます。さらに、それでも飽き足らず、最後は積乱雲の上空に突入してトルネードの発生源を探ったのです。

まさに命知らずの冒険野郎です。当時、自ら飛行機に乗り込んで、積乱雲に突入する危険を冒させた藤田のことを、パイロットたちは、「プロフェッサー・フジタはカミカゼだ」と言っていたそうです。

そのような危険を冒しながら、ついに藤田はトルネードを発生させる親雲である、回転する積乱雲を発見したのです。

ドップラーレーダーとは、音の伝播で距離を測定できるレーダーです。それを活用することで、トルネードを観測できることを証明したわけです。

いずれにしても、トルネードやダウンバーストの予知システム構築を提唱した藤田の功績は、現在でも国際的に認識されています。藤田は航空業界の安全と安心に大きく貢献した、紛れもない偉人です。

## エンターテイナーの素質もあった「藤田・テッド・哲也」

藤田の人物像は、藤田を知る誰に問いかけてもおおよそ一貫しています。革新的で、研究は道楽。つまり、自分の世界に入り込んで楽しむという、いわゆる「オタク気質」を持った人物です。でも、普通のオタクが藤田と大きく違うのは、普通のオタクは自分の楽しみを追求するだけで、社会貢献など考えない点です。

どうやら藤田の場合、もともと社会貢献になるようなことにこだわっていたわけではなく、自分が究明したくて仕方がないものを仕事にして楽しんでいるわけですが、それが結果的に大きな社会貢献につながっているのです。

嵐のような男と表現する人もいます。嵐を研究している男が嵐そのものというのも面白い話ですが、藤田を知る関係者のほとんどが口を揃えて言うのは、彼は「天才」だということです。

アメリカでは、「藤田・テッド・哲也」というミドルネームをつけていました。藤田の英語は日本語訛《なま》りがきつく、「フジタ語」などと呼ばれていましたが、彼は、エンターテイナーとしての素質もある人で、自己演出にも心をくだいていました。

たとえば、メディアの前に出るときなどは、「カメラ・メガネ・七三分け」という「ザ・日本人」を意識した格好をわざとつくって登場し、会場を沸かせました。藤田自身もそんな楽しい雰囲気の中で注目を集めることを楽しんでいたといいます。

意図的にパフォーマンスを行っていた面もあったのです。ですから、「ミスター・トルネード」というニックネームもたいそう気に入っていたといいます。

もちろん、藤田の自己流で唯我独尊《ゆいがどくそん》ともいえる研究スタンスを気に入らない学者もいました。藤田自身も批判されることを嫌って科学雑誌などに論文を査読させず、自主出版として発表したので、藤田を嫌う人たちはますます彼を煙たがりました。

また、藤田は完璧主義者であるため、時として周囲にも自分と同じ仕事量を求めてトラブルになったこともありました。たしかに「努力を惜しまない天才」と一緒に仕事をすることは、なかなか大変だろうと私も思います。

いずれにしても、確固たる人物評がつけにくいほどの多才な科学者であることは間違いありません。最後まで研究一筋に生きた人であることも、多くの人が納得する藤田のイメージなのです。

その反面、藤田の脳裏にはいつも原爆の惨禍《さんか》が焼き付いており、また、自分の運命を予期せぬほうへ変えていく運命的な出会いが数多くありました。そのようなヒューマニズムを感じさせるところが、ただの科学者とは違い、ドラマのような彼の人生がとても興味深く、愛おしい存在にさせているのかもしれません。

藤田自身、「とにかく私の人生は面白い。安定とは無縁だった」と語ったそうです。また、なぜ、トルネードにここまで魅せられたのかと質問されたとき藤田は、「いつも違いがあるからです。すべての嵐が同じではないんです。人間と一緒です。調査に出るたび違うものに出会います。それが、私の原動力なのです。毎回、違う場所に行き、違う竜巻に出会い、違う発見をするのです」と答えたといいます。

「人間万事塞翁《ばんじさいおう》が馬」「禍福《かふく》はあざなえる縄の如し」など、人生にたとえたことわざがたくさんありますが、藤田はまさにこのことわざのように、気象学者ながら、非常に多彩な顔を持ち、絶えず変化する気象現象のように数奇な道のりをたどった人物でした。

藤田の研究に対して与えられた主な賞は次の通りです。

・アメリカ航空宇宙局特別功労メダル
・アメリカ航空宇宙学会ロージー大気科学賞
・フランス航空宇宙アカデミー金メダル
・日本気象学会藤原賞

一九九八年一一月一九日、ミスター・トルネードこと藤田哲也は永眠します。享年七八歳でした。その訃報は、『ニューヨーク・タイムズ』をはじめ、世界各国のマスコミでも大きく取り上げられました。藤田の葬儀には、当時のビル・クリントン大統領も弔問に訪れました。

根っからのオタク気質を持ち、ユニークで、エンターテイナーでもある。それでいて、何よりひたむきな学者として世の中に役立つ研究成果を残した。まさに愛すべき天才――そのすべてに、私は大きな魅力を感じるのです。

# 第二章

# 義理

——誉れ高き「和の心」

# 「善の巡環」で思いやりを世界へ届ける

吉田忠雄《よしだただお》

## 「世界一のファスナー」を生み出したものづくり精神

ファスナーの世界的トップ企業であるＹＫＫは、大谷裕明社長が記者会見で、「今年二〇一八年度末で、二〇一五年から目標に掲げてきたファスナーの年間販売量が年一〇〇億本を突破しそうだ」と発表しました。

ＹＫＫは、日本が誇るファスナーの世界ブランドです。誰もがＹＫＫの恩恵を受けています。私たちのパーカーやズボン、スカートやジャンパーのみならず、カバンや靴、財布、漁網や防虫ネットといった産業用まで、ＹＫＫのファスナーはあらゆる分野で使われているからです。

ファスナー業界にあって、国内市場では九五パーセント、世界でも四五パーセント超のダントツ一位のシェアを誇ります。しかも世界二位、三位のシェアはわずか七～八パーセントずつですから、日本やアメリカで私たちが目にするほとんどのファスナーが、ＹＫＫ製品であることも納得です。

ファスナーは一八九一年、アメリカ人のホイットコム・ジャドソンが、編み上げ靴のひもを結ぶのが面倒で発明したのが起源といわれています。そして一八九三年、ルイス・ウォーカーが参画してユニバーサル・ファスナー社（後のタロン社）を設立し、ファスナーの製造が開始されました。一九〇五年までに現在のファスナーの仕様へと改良されていきました。

日本に初めてファスナーが持ち込まれたのはこの後のことで、洋行帰りの紳士たちが、ファスナーつきの財布をお土産として日本に持ち帰ったようです。

日本ではファスナーのことを「チャック」と呼ぶ場合があります。調べてみると、この財布を見た広島県尾道の人が、自分でファスナーをつくり始め、「チャック印」と銘打って売り出したため、以降、チャックがファスナーの代名詞となったそうです。チャックとは、もともと財布の別名である巾着の「ちゃく」からとった造語で、もちろん海外では通じません。

海外でファスナーは、イギリスが「スライドファスナー」、アメリカが「ジッパー」、イタリアでは「キウズーレ・ランポ」、中国は「ラーリェン」といいます。

ちなみに、アメリカの「ジッパー」の語源は、車のタイヤブランドとして有名なBFグッドリッチ社が、ゴム製オーバーシューズにファスナーを使用したときに用いた名称です。ビュッと飛ぶ弾丸などの音を表す擬声語の「ZIP」に由来します。

さて、前置きが長くなりましたが、この圧倒的世界ナンバーワン企業となったYKKは、一体どのようにして築かれていったのでしょうか。

YKKの創業者は吉田忠雄《よしだただお》。一九〇八年、富山県魚津で生まれました。

家業は養鶏と鳥や魚をとって販売することでしたが、吉田は小さいころから父を手伝い、商品を町で売りさばく手伝いをしていたため、子どものころに商売のノウハウが自然と身についたのかもしれません。

そんな吉田少年の面白いエピソードが、富山県黒部市のホームページにあります。

吉田は、拾ってきた栗の実を自分の家に何度となく植えましたが、なかなか芽が出ません。それが不思議でたまりませんでした。

ある日、山で栗拾いをしていると、春に芽生えたばかりの栗の苗を見つけました。掘り起こしてみると、ほんの小さな芽でしたが、地面の下には、とても数多くの根がびっしりと張っていたのです。

北陸の激しい風や雨、雪にも負けない立派な樹木に生長するには、大地にしっかりと根を張ることが大切だということを、栗から学んだといいます。

母はそんな吉田の性格を、「ゴンボの末まで知りたがる子」と表現したといいます。「ゴンボの末まで」とは、地面の中にあるゴボウの根っこの端のことまで知らないと気がすまないという意味で、いろいろなことに興味を持ち、その理由や原因を知り尽くさないと気がすまない、いわば探究心の強い子だったということです。

このような子どものころからの吉田の性格は、会社を大きくしていくことに大いに役立ったといえます。

## 「あきらめないからこそ、道は開ける」

吉田は高等小学校を首席で卒業しますが、生家が貧しかったために進学できず、兄のゴム長靴販売を経営する店を助けます。

日本では当時、地方でも洋服が流行り始めており、吉田は将来、洋服生地を扱う貿易商になりたいという夢を持っていました。洋服は近い将来、必ず大流行して、自分はきっと事業を成功させられると考えたからです。

二〇歳のとき、「東京へ行って、大きな商売をしたい」という、夢の第一歩である東京行きがかないます。吉田は、「上京するからにはきっと成功させてみせる」と意気込んだそうです。

東京では、日本橋にあった中国陶器やファスナー、食料品の輸出入を手がける古谷商店で勤め始めますが、一九三一年ごろから満州事変の戦火が拡大するにつれて、中国との貿易は次第に困難となります。さらに、一九三三年には、世界恐慌のあおりで、勤務先の会社が倒産してしまいます。

古谷商店の店主・古谷順平は、吉田に向かって言います。

「君は、本当によく頑張ってくれた。商売の才能もあるようだ。この際、ファスナーで独立してみたらどうだ」

吉田は即答します。

「はい、挑戦してみたいと思います」

一九三四年、吉田はサンエス商会という会社をおこし、輸入品など他社がつくったファスナーを販売する仕事を始めました。これがＹＫＫの前身です。

しかし、当時のファスナーは品質が悪く、半分以上は不良品で返品される有様でした。悪いところを直して売らなければならないので、手間もお金もかかりました。

どうしたらこの不良品を少なくできるのか――。それが最大の問題でした。

吉田はいろいろと考えた結果、「少しでもいいものを自分たちの手でつくろう。自分たちの力でやってみよう。一日も早く外国の製品に負けないものにしよう」という目標を定めたのです。

具体的には、吉田は他社の施設を譲り受けるなどして、製造、加工など一連の工程を内製化することで、ファスナーの品質を向上させようとしたのです。たとえ製造コストが高くなっても、質の高いスライダーや綿テープを利用しました。

スライダーとは、ファスナーを開閉するときにエレメント（務歯《むし》＝ファスナーを噛み合わせて閉じるための歯のような部分）を噛み合わせたり、離したりする役目をする部品です。

また、他社製品との差別化を図るために、サンエス商会を設立した年に商標を取得しました。

ファスナー事業で一本立ちしてから、吉田は二人の兄に、上京して一緒に会社をやろうと何度も手紙を書き、ようやく兄たちも入社してくれることになったといいます。しかし、二人の兄は社長の兄だからといって偉ぶることなく、他の社員以上に一生懸命働きました。吉田が働きすぎて病気になって入院したときも、戦争で兵隊として徴兵されたときも、二人の兄は会社を支えてくれたのです。

吉田には、周囲の人々の協力と兄弟の団結という素晴らしい強みが常にありました。それも、吉田の事業に対するひたむきな姿勢と、彼の行動に対する周囲の強い信頼があればこそだといえるでしょう。

一九三八年二月、生産性の向上を図るため、吉田は東京市江戸川区小松川に新工場を開設し、本格的な自社製造に着手しました。

そして、同年、社名もサンエス商会から吉田工業所に改名、一九四二年に有限会社吉田工業所、一九四五年には吉田工業株式会社に改め、戦後の一九五三年になるとY

ＫＫの商標使用を開始します。社名をＹＫＫ株式会社に変更したのは一九九四年のことですから、意外と最近の話です。

吉田は多くの名言を残していますが、「あきらめないからこそ、道は開ける」という言葉は、まさに吉田の歩いてきた人生を物語っていると思います。

どんなに苦境に立たされても、そこであきらめないからこそ次があります。あきらめないという気持ちの持続があれば、必ず道が開けて、「やりがい」や「仕事冥利」を味わうことができるのです。

## 「失敗」は「原点帰り」である

当時、サンエス商会を含む日本のファスナーメーカーは、手作業でファスナーを生産していました。

まず、植えつけ工は務歯（エレメント）を左右の指先でつまみ、金属製の櫛型にはさんだ布テープに一つ一つ櫛の歯の間に植えつけ、手動のプレス機で圧し潰す方法が採られていました。

櫛には墨汁で寸法が記してあり、両手の指先ですばやく務歯を拾い、指先の触覚によって務歯の表裏を確認しながら、櫛の歯の間に方向を一定にして収めていきます。寸法に合わせて務歯を植え終えると、コルクで両側から務歯を静かに揃えます。そして、プレス工はプレスを用いて務歯をテープにカシメます。務歯がテープにカシメられた製品を植えつけ工が受けとり、スライダーを用いて二本ずつ組み合わせて最終製品とします。

このように、当時のファスナーの生産には、経験を積んだ熟練工による手作業が必要不可欠で、一日当たり生産できるファスナーの本数は八〇～一〇〇本程度でした。

吉田は、社名を吉田工業所に変更した際、金属部品は自分の会社で生産することに決めていました。

しかし、世の中がだんだんと戦時体制へと向かっていくうちに、第一次戦時統制令により国内向けの伸銅品類（銅や銅の合金を板・棒・線・管などに加工したもの）の使用が禁止され、国内でのファスナーの販売が事実上不可能となりました。

また、輸出もアメリカのタロン社がこの時期ファスナーにかかる特許を取得したため、三〇〇万ダースまでという数量制限、および一一〇パーセントという高い関税がアメリカ向けに課せられました。

そのため、吉田は欧州、中米、南米への販路を求めて奔走します。

ところが、一九四一年には輸出自体が禁止となり、軍需産業への転換を余儀なくされたのでした。

そのような厳しい状況下でも、吉田は銅に代わる金属での新しいファスナーづくりを模索し、アルミファスナーをつくろうとします。ファスナーをアルミ製にしたのは、ＹＫＫが世界で初めてでした。

その頃、アメリカ軍のＢ29による東京大空襲が行われ、一九四五年三月、小松川工場は焼失し、富山県魚津への工場疎開を余儀なくされます。

ファスナー生産の再開は、大東亜戦争の終結後、一九四五年一一月まで待たなければなりませんでした。先述の通り、この年に後のＹＫＫとなる吉田工業株式会社が設立されたのです。

どんなに頑張り屋でも、十年あまりかけて築いてきたものすべてを一瞬にして失ってしまったのですから、喪失感や寂寥《せきりょう》感、絶望感を抱いても不思議はありません。

しかし、吉田は違っていました。

「最初のころに戻っただけだと思えば、頑張れるさ。一日も早く、工場を再建しよう」

吉田は、常に努力と工夫を怠らず、前進をやめない人だったのです。

## アメリカに「質」で勝つ

再建した工場にも活気が戻り、吉田工業株式会社がつくったファスナーは国内では優良品として通用するまでになりました。

一九四七年、アメリカへの輸出を考えていた吉田のところへ、一人のアメリカ人バイヤーが訪ねてきました。吉田は、五ミリ一〇インチの自信作を見せ、一本九セントでどうかと持ちかけました。

ところが、アメリカ人バイヤーは、「わが国のファスナーに比べ品質がよくありませんね。しかも、値段が非常に高い。これでは到底取引はできません」と、一笑に付されてしまいます。

それどころか、自分の持っているアメリカ製のファスナーを七セント四〇で買わないかとまで言われてしまったのです。

吉田は製品の違いに愕然としました。このときのことを吉田は、「穴があったら入りたいとはこのこと。まったく目から火が出るような思いがしました」と述懐しています。

一方で、それほど高品質で、かつ安価なアメリカ製ファスナーが国内に入ってくれば、日本のファスナー業界は壊滅的な打撃を被るに違いありませんでした。さぞや、吉田は危機感に青ざめたことでしょう。

日本製とアメリカ製のファスナーの機能、デザイン、コストなどの差が大きかった原因は、日本製は職人の手作業によるものに対して、アメリカ製は務歯の打ち抜きから植えつけまで、すべて機械で製造されているところにありました。

生き残るにはアメリカ製の機械を輸入するしかない――。吉田は業界各社に共同購入を呼びかけましたが、賛同する人は一人もいませんでした。

それならば、ＹＫＫだけでやるしかありませんが、当時の外貨割り当てには厳しい制限があり、簡単に許可は下りません。地方の中小企業が、一台三～四万ドルもする外国製の機械を買おうというのですから、官僚も驚きを隠せなかったことでしょう。

しかし、そこで簡単にあきらめる吉田ではありません。霞が関に通いつめ、ついに、一九五〇年、ようやく機械の輸入許可を得たのでした。

念願かなって導入したアメリカ製の機械は、期待に違わぬものでした。チェーンマシン（自動植えつけ機）は、それまでの一六〇人分の務歯打ち抜き・植えつけ作業を、わずか六人でやってのけました。

さらに、吉田はこのチェーンマシンを一〇〇台も、国内の精密機械メーカーに発注します。一九五一年、第一陣の国産マシン三〇台が導入されると、同年十月には月産一〇〇万本を突破し、早くもファスナー生産日本一の座を獲得したのでした。

量産体制を整えた吉田の次なる一手は、一貫生産体制の確立でした。一九五四年に着工した黒部工場では、伸銅工場、紡績工場、織機工場などを次々に建設し、原料から製品、そして工場内の機械まで、すべてのものを自分の会社で生産する目標を実現させたのです。

その後、黒部市生地《いくじ》に紡績工場も完成し、テープの材料となる糸とその染色に至るまで一貫生産が可能となりました。

また、新製品の開発や生産も行うようになり、やがて国内市場を独占するまでになりました。さらに、本格的に海外進出し、ＹＫＫという会社とその製品は、海外でも高い評価を受けるまでになりました。

ファスナーメーカーが、紡績やアルミ合金の製造まで行うことに、社内外から批判や反対の声もあったといいます。これに対し、吉田は次のように答えます。

「ＹＫＫはたしかにファスナーメーカーであり、決して紡績会社や伸銅会社ではない。だが、消費者に申し分のない品質のファスナーを安定して提供するには、ファスナーに最も適した材料を原料からつくるべきだ」

こうした吉田の考えは生産機械の製作にも適用され、一九五八年からはチェーンマシンも全面的に自社生産となったのです。さらに、これにとどまらず、工機部は、「機械をつくる機械」を製作するまでに進化をとげていくのでした。

吉田の言葉に「『もう紙一枚』のすすめ」というものがあります。一生懸命に頑張って、「もうこれ以上できない」ところで、もう紙一枚分の厚さの努力を上乗せする。それを毎日続けることによって、素晴らしい実力と人格がつくられていく。吉田は、そんな「もう紙一枚」の努力をすることを、常に続けていたのです。

## 青函トンネル、明石海峡大橋にも使われるファスナー

黒部工場が操業を始めたころから、ファスナーの新製品が次々と発売されました。一九五八年、世界に先駆けて開発したエレメント（務歯）が外から見えない「コンシールファスナー」や、エレメントがコイル状の樹脂でできている「コイルファスナー」（六四年）、生産工程を大幅に合理化した「ＹＺｉｐ」（六六年）などです。

また、ファスナーではなく、ハイサッシ（床面から天井の高さまであるサッシ）の製造にも乗り出します。とくに個人住宅向けハイサッシを製造販売したのはＹＫＫが初めてでした。これには反対の声も多かったといいますが、ビル用サッシから個人住宅向けハイサッシまで、建築ブームを見込んだのが功を奏して、大いに売れたそうです。

一九七五年ごろには、ファスナーの精密性、耐蝕性、強度を高めることによって、用途の開拓が進みました。

ビスロンファスナーなどの樹脂ファスナー群は、漁網や水中養殖用のカゴ、農業用のビニールハウスや米俵に代わる麻袋、防虫・防鳥ネットなどの産業資材に用いられるようになりました。

機能性を高めたファスナーの代表格といえば、「水密・気密ファスナー」です。YKKの水密・気密ファスナーは宇宙服をはじめ、化学防護服、ダイビングスーツなどに使われているほか、巨大建造物の建設にも一役買っています。

青函トンネルの工事では、しみ出してくる海水を一カ所にまとめて流すパイプ状の樋《とい》に使用されました。ときどきファスナーを開いて中を掃除することで、詰まりを防げるといいます。

また、明石海峡大橋でも、このファスナーが雨どいの一部として採用されています。明石海峡大橋の両端、淡路と垂水地区は陸地部分に橋が架かっているため、雨水をそのまま流すことができません。

そこで雨どいが必要になりますが、橋は風で揺れるため、伸縮性のあるゴム製雨どいが選ばれました。橋を横断する一六枚のゴム製雨どいを接合しているのが水密・気密ファスナーです。もちろん、ファスナーなら雨どいにたまった砂利などの掃除もラクにできます。

このほかにも、電磁波を遮断する「電磁波シールドファスナー」、レーシングスーツなどに用いられる「難燃・耐熱仕様ファスナー」、自然環境で分解し土に還る「完全生分解性面ファスナー」など、特殊な機能を持つファスナーも開発されています。

## 「善の巡環」に基づく思いやり経営

ＹＫＫは、どのようにして世界ナンバーワンの会社になったのか。この問いにひとことで答えるならば、「ＹＫＫはファスナーの生産機械をすべて内製化して、その機械はどこにも販売されていない」という点に集約されるでしょう。

アメリカでも中国でも、世界七〇カ国以上にあるＹＫＫの工場には同じ機械が配備されています。二四時間無人化され、ボタン一つで制御できる高性能マシンを配備した工場は、他社から見ればブラックボックスのようなものです。

逆をいえば、ＹＫＫは生産工場そのものをブラックボックス化し、独自の技術やノウハウと、製品のクオリティを守ったからこそ、世界のＹＫＫになったともいえます。

一見、何の変哲もないように思える小さな部品のファスナーですが、一二〇〇件以上の要素、技術が詰まっているといいます。そこまでこだわってつくったファスナーを、他社がおいそれと真似などできようはずがありません。

ジーンズの世界的メーカーであるリーバイ・ストラウスや、スニーカーやスポーツウェアのナイキ、アディダスといった超一流ブランドにも選ばれたＹＫＫファスナーは、一朝一夕に完成したものでないことが納得できます。

思い返せば、あの日、アメリカ人バイヤーが持ってきたファスナーを吉田が見なければ、ＹＫＫのファスナーは、これほどの発展をとげていなかったかもしれません。きっかけは、アメリカ人がくれたもの。しかし「日本は戦争には負けたが、産業ではアメリカに勝ちたい」という思いが、吉田にあったのではないでしょうか。

ファスナー業界を独占するＹＫＫですが、すべてを一人占めにすることを目的としてはいません。吉田は反対に、「善の巡環」ということをＹＫＫの経営理念に掲げ、吉田忠雄亡き後もその精神は受け継がれています。

「善の巡環」という言葉は吉田が考え出した言葉ですが、元をたどると小学校のときに読んだ「鉄鋼王」アンドリュー・カーネギーの伝記から学んだといいます。

これは、「他人の繁栄をはからずしては自己の繁栄はない」というカーネギーの言葉——。つまり、自分の目先の利益よりも、周りとの関係を重視し、自分だけが成功するのではなく、関係するすべての人が成功することが、結局は自分の成功にも跳ね返ってくるという考え方です。

カーネギーはアメリカの鉄鋼業界で活躍した偉大な実業家で、文化や教育などの発展にも力をそそいだ人でした。成功者は皆、同様の言葉を口にしますから、これは人間社会の真理といっても過言ではないと思います。

吉田も、海外に工場をつくるときは、自分たちだけが儲けるのではなく、現地の人々と利益を分け合えるようにすることを重視したといいます。世界中に「善の巡環」を期待していたのだと思います。

# 正攻法で官僚と闘い続けた大和魂

## 小倉昌男《おぐらまさお》

### 時代の波に乗り遅れた会社の新社長

電話一本、メール一通で、たった一個の荷物でも自宅へ集荷に来て、手ごろな値段で広い本州（離島を除く）のほぼどこへでも翌日には荷物が届く――。

この「宅急便」が当たり前になった背景に、小倉昌男《おぐらまさお》という一人の男の闘いがあったことをご存じでしょうか。

小倉昌男は一九二四年、大和運輸（現・ヤマトホールディングス）を経営する小倉康臣《やすおみ》の息子として生まれました。

子どもの頃から成績は優秀で、高い倍率で知られた旧制東京高等学校へ進学し、東京帝国大学（現・東京大学）経済学部へ入学、一九四七年に卒業し、翌年、大和運輸に入社します。

ところが、入社して半年が経ったころ、小倉は肺結核を患います。当時の日本ではまだ結核は治療が難しく、日本人の死因第一位でした。小倉も二年間の入院生活と、二年半の自宅療養で、合わせて四年半の療養生活を送りましたが、大和運輸がＧＨＱの運輸業務を担っていたことから、日本国内ではほとんど入手困難であった抗生物質ストレプトマイシンを、幸運にも米軍ルートで入手できたそうです。小倉は奇跡的に快癒しました。

小倉はこのころの体験を、自分にとって非常に大きく貴重な体験として感じとったようです。まだ仕事らしい仕事もしていない若い時期に、人生について、人間の命について考えさせられる長い時間が与えられたと思ったことでしょう。

父・小倉康臣が大和運輸を創業したころ、業績は絶好調でした。全国のトラック台数が二〇四台だった一九一九年、大和運輸は銀座で四台のトラックを保有するトラック運送会社としてスタートしました。

そして、創業十一年目に、日本初の路線トラック事業を開始します。路線トラック事業とは一般路線を時刻表に従って貨物自動車（トラック）で通行し、不特定多数の荷主の荷物を運送する事業のことです。路線バスのトラック版と考えればイメージしやすいでしょう。

この路線トラック事業が爆発的に伸び、大和運輸はほんの数年後には、関東一円に輸送ネットワークをつくり上げるほどに成長しました。

ところが、一九六〇年代半ば以降、事業に暗雲がたちこめました。高速道路が次々と完成する中、競合他社は長距離輸送にどんどん参入していきましたが、大和運輸はこの市場の変化を見逃し、出遅れてしまいます。

先を越されたことに気づいたときには、すでに手遅れでした。先行業者は荷主を囲い込み、荷主も満足して利用していたので、そこに入り込む隙はなかったのです。


健康を取り戻した小倉は、静岡県の子会社の再建を手がけた後、本社に復帰し、一九六一年、取締役に就任します。

その折も折、前述のように大和運輸は時代の波に乗り遅れたために、荷物の取扱量が激減していました。繁栄から一転、経営危機の真っただ中にあるときに、小倉は本社の経営に復帰したということです。

一九七一年、父のあとを継いで小倉は大和運輸の社長に就任しますが、一九七三年にはオイルショックも重なり、ガソリンや軽油など燃料価格の高騰によって運輸業界全体でコストが高騰していました。

業績がとことん低迷した大和運輸を、どのようにすれば回復させられるのか――。ここから小倉は、見事な経営手腕を発揮していきます。

## 「電話一本、一個でも家庭に集荷」の衝撃

今から四〇年以上前、人々はどのようにしてモノを送っていたのでしょうか。

まず、当時のユーザーは郵便局まで送りたい荷物を持っていく必要がありました。いわゆる郵便小包（現・ゆうパック）です。しかも、郵便局が受けつけてくれるのは六キロまでという重量制限がありました。

それでは、六キロ以上の荷物はどうしていたかというと、しっかりと梱包しひもをかけ荷札をつけて、国鉄の最寄り駅まで持ち込まなければなりませんでした。つまり、個人は郵便局または近くの駅まで行って荷物の発送をしなければならず、さらに鉄道小荷物の場合は、受領側も最寄り駅まで行って受けとる必要があったのです。

当時は「不治の病」と考えられていた肺結核から生還し、取締役として復帰した小倉は、まず大和運輸の低収益の原因を根本から考えてみました。

そして、それまで業界の常識であった「小口荷物は集荷・配達に手間がかかり、採算が合わない。したがって、小さな荷物を何度も運ぶよりも、大口の荷物を一度に運ぶほうが合理的で得である」という考え方が誤りであることに気づきます。

ヤマト運輸のホームページに掲載されている「宅急便のあゆみ」によれば、このときのことを小倉は、

「私は、このマーケットは大変面白いと思っていた。なぜなら、競争相手がいないのです。一応二社あるが、どちらもあまりサービスがよくない。田舎から柿を送っても、東京にいつ着くのかはっきりしない。ここへ参入すれば、必ず成功すると確信しました」と述べたといいます。

「一応二社あるが、どちらもあまりサービスがよくない」というのは、おそらく冒頭に挙げた郵便局と国鉄のことでしょう。これらは民間企業ではありませんが、当時は

郵便小包、鉄道小荷物しかなかったのですから、間違いないと思います。

市場の隙間、いわゆる「ニッチ」なところに目をつけるというのは、事業を成功させる人によくある才能です。小倉もまた、運送業界のニッチを見逃すことはなかったのです。

実は、小倉は専務時代にも、個人向け小口荷物の取り扱いを提案しています。しかし、当時の社長である父親をはじめ、社員のほぼ全員が反対しました。

そういう経緯もありましたが、小倉はあきらめていませんでした。「小口の荷物のほうが、一キロ当たりの単価が高い。小口貨物をたくさん扱えば収入が多くなる」と確信していたのです。

一九七五年、小倉は「宅急便開発要項」を社内発表します。基本的な考え方は次の五カ条です。

1、需要者の立場になってものを考える
2、永続的・発展的システムとして捉える
3、他より優れ、かつ均一的なサービスを保つ

4、不特定多数の荷主または貨物を対象とする
5、徹底した合理化を図る

この要項を発表するにあたって、小倉は徹底的に分析し、計画を練っていました。貨物には、商取引に基づく「商業貨物」と、冠婚葬祭や引っ越しなど個人の生活に伴って起こる「非商業貨物」があります。

運送業界は、高度成長期に人手不足と人件費上昇が深刻化して、手間のかかる小口貨物から大口貨物に重点を移してしまいました。そうすることが目先の利益を確保するためには簡単だったからです。

しかし、小倉は、路線トラックというのは近距離貨物をないがしろにしてはいけないと思っていました。なぜなら、遠距離の大きな貨物は「親方日の丸」でサービス精神が薄い国鉄でもできますが、近距離の小口貨物はそうはいかないからです。

小倉自身が、要らなくなった子どもの洋服のお古を、小さな荷物として親戚に送ろうとしたところ、その方法が存在しないという経験をしたことがありました。そのと

き、「運送業に携わっている者として、これはなんとかしなければいけない」と思ったといいます。

そして一九七六年一月二〇日、「電話一本で集荷」「一個でも家庭へ集荷」「翌日配達」「運賃は安くて明瞭」「荷づくりが簡単」というコンセプトの商品「宅急便」が誕生したのでした。ちなみに、「宅急便」というのはヤマト運輸の登録商標です。他社のサービスを含む一般名称は「宅配便」になります。

宅急便は、民間初の個人向け小口貨物配送サービスでした。当初は、関東地方のみでしたが、その後、配送網を全国に拡大し、大和運輸が中小企業から一気に売上高一兆円の大手運輸会社に発展する基礎を築いていきます。

一九八二年には「ヤマト運輸」に商号を変更し、小倉は一九八七年、代表取締役会長に就任しました。

もう一つ、小倉が絶対に小口配送が成功すると考えた理由は、生活関連分野は低成長経済下でも景気に左右されないマーケットであるという定見があったからです。

戦後、大和運輸はデパートの配送に力を入れて、その収入は会社全体の一五パーセントくらいになっていました。

ところが、燃料代や人件費などの輸送コストが上がっても、デパートのほうは簡単には配送料金を上げてくれません。大和運輸の利幅はどんどん薄くなり、だんだんと経営困難になっていきました。

しかも、デパート商品は中元・歳暮の盆と暮れだけが忙しいという特徴があります。だからといって安定した収益源であるデパート配送は捨てたくはありません。デパート配送を成り立たせるために、郵便小包のようなものを開拓したらどうかという考えも、「宅急便」の発想へと結びつきました。

しかし、その後、三越のワンマン社長で名高い岡田茂が、大和運輸の車からも駐車料をとったり、運送費の大幅引き下げを求めたりと、理不尽な要求を繰り返すようになってきました。

小倉はそのような仕打ちに堪え兼ね、創業以来の取引先であった三越に対して取引停止を通告しました。

大和運輸はシンボルマークが「クロネコ」、三越は「ライオン」であることから、

「ネコがライオンにかみついた」などといわれて話題になったそうです。なお、岡田社長の三越追放後には取引が再開されています。

## 時代の先端・「スライド式オープンドア」と「ウォークスルー車」

ちなみに、ヤマト運輸の運送用トラックについては、構造上のデザインにも特筆すべきものがあります。実は、従来の後ろではなく横につけられたドアが、トラックのボディに沿って、前後方向に平行に開くスライド式オープンドアになっているのです。

ヤマト運輸のメインは個人向け小口貨物配送サービスです。小回りのきく小さめのトラックで狭い住宅街の道路を走りやすく、作業もしやすいことが求められます。そのような発想から生まれたのが、スライド式オープンドアだったのです。

住宅街の狭い路地では、通常のヒンジドア（支点を中心に外へスイングして開閉するドア）は邪魔になり、荷物の上げ下ろしも大変です。スライド式ならドアの開け口も広く仕事はしやすくなります。

最近では乗用ワゴン車でも、このスライド式オープンドアが人気で、まったく珍し

提供：時事通信フォト

くなりましたが、当時としては画期的でした。最初はベニヤ板で試作車をつくり、これならよさそうだということで採用を決めたといいます。

また、ウォークスルー車も、もともとヤマト運輸によって発案された車です。車内で作業するときも、腰をかがめる必要がない高い天井で、運転席から左側のドアや荷室にと、車内を容易に移動できる車が望ましいということでつくられました。開発費をヤマト運輸が負担することで、トヨタ自動車が開発を申し出たといいます。

ちなみに、アメリカの郵便車は右ハンドルです。これは右側通行のアメリカだと、郵便ポストは車を停車させる右側にあるからです。

左ハンドルだと左側に降りて、車の前か後ろをぐるっと回らなければならず、効率が悪いのです。しかし、ヤマト運輸の効率の追求は、アメリカの郵便局のはるか上を行っています。

## 宅配事情の東西

日本でもお馴染みになった国際宅配便の会社は、フェデックス・エクスプレス（FedEx、創業時はフェデラル・エクスプレス）、UPS（ユナイテッド・パーセル・サービス）、DHL（創業者三人の頭文字）、ワミエクスプレス（インターワミグループ）などがあります。

中でもUPSは、一九〇七年にアメリカのワシントン州シアトルで創立された貨物輸送会社です。最初はメッセージサービス（手紙）がメインだったのですが、宅配便事業を拡大していき、そのうちレストランも出前に使い始めたといいます。

シアトル近辺の速達（エクスプレス・メール）をすべて扱うようになって、少しずつ業績を伸ばしていきました。

やがてサンフランシスコ湾東岸のオークランドまで伸び、一九三〇年からはニューヨークに進出。東海岸にある大きないくつかのデパートの運送業を引き受け、そこから個人宅配も始まっていったようです。その間、ＵＰＳは様々な企業を買収していきながら、さらに大きくなりました。

アメリカで日本の「ゆうパック」に該当する郵便局のサービスができたのは、ＵＰＳが設立された六年後と聞いたことがあります。ＵＰＳも初期の宅配企業でしたから、苦労は多かったことと思います。

私が思うに、日本の宅配とアメリカの宅配の決定的な違いは、荷物の受け渡しにあります。日本の場合は、荷物を受けとったというサインが必要なので、届けに来た家が留守の場合、荷物を持って帰ります。

ところが、アメリカの場合は、荷物を持ってきてドアベルを押し、十秒くらい待ちますが、その家の住人が出て来なければ、その場に置いて帰ります。持って帰ることはありません。ですから、当然、盗まれることもあります。

また、玄関先に置かれた荷物の中身が、直射日光を避けるべき品物であったり、温度管理が必要であったりすれば、内容物によってはスポイル（台なしに）される可能性があります。もちろん、温度管理が必要なものは、基本的にクール便にしなければなりません。

お客は、自分が長期で留守をするときは注意が必要ですし、私の地元のユタ州では、冬には凍ってしまう恐れもあります。

アメリカだと配達後は業者の責任になることはありませんので、感覚としては、せっかく届けに来たのに家に人がいなくて受けとれないほうが悪いということになります。ですから、毎日、近所の人など、誰かに見てもらわなければいけません。

アメリカと日本でさほど違わないのは、時間指定もできること、また「発送しました」とか「基地を出ました」などとメールが来ること、トラッキング（追跡）もできるところです。しかし、アメリカの郵便局は、トラッキングはできません。それができるのは民間の宅配便の会社だけなのです。

いずれにせよ、他社との競争に勝つためには宅配事業にも料金などいろいろな要素がありますが、サービスというのは非常に大きいと私は思います。

サービスとは、必ずしもただ便利にするだけの話ではありません。それは、お客さんを喜ばせることであり、お客さんが喜んでくれるからこそ、リピートにつながり、やがては馴染みの、口コミまでしてくれる優良顧客となってくれるのです。

## 「全国でやらなければ、意味がない」

アメリカの宅配事情から、ヤマト運輸の小倉の話に戻しましょう。

宅急便事業を立ち上げるに当たって、小倉は非常に綿密な計画を立てたと先に述べましたが、どのような計画を立てたのでしょうか。

まず、「全国でやらなければ、意味がない」という理由から、サービスエリアを北は北海道から南は沖縄まで全国に設定しました。

次に、離島などを除き「一日で配達する」ためにはどうすればいいのか、綿密に計算しました。

個人向けの宅配では、膨大な数の小さな荷物をさばかなければならず、集荷センターが必要となります。そこで、全国に集荷センターがいくつ必要かを考えていきます。

その土地の取得費用はどの程度になるか、配達するトラックとドライバーはどれくらい必要になるか……などなど細かく計算したところ、二年目までは赤字となるものの、三年目からは採算がとれそうだという結論に至ります。

こうした計画のもと、小倉は宅急便事業の立ち上げに着手したのでした。

なお宅急便に関して、とくに私が感心しているのは全国にある酒屋の事業者に集荷を委託したことです。

各地域の酒屋で個人の荷物を預かってもらい、その荷物をヤマト運輸が酒屋に受けとりに行く。そうすることで、集荷のコストも手間も省ける仕組みをつくったのです。非常にいい着眼点だったと思います。

昨今では、大資本が町の酒屋をフランチャイズ化したり、酒類販売の規制緩和によって酒の小売がしやすくなったりしたことで、昔ながらの酒屋は激減しています。

そのため、自宅集荷でなければ荷物をコンビニに持っていくというのが当たり前になっていますが、これは酒屋がコンビニに取って代わっただけで、宅急便の黎明期に練り上げられた仕組み自体は、今も生きているといえるでしょう。

最初から全国展開を見据えていた宅急便ですが、一九七六年の事業開始時は、関東地方限定でした。当時の配達費用は標準サイズで五百円。一九八二年の五百円硬貨発行後は、「ワンコイン」というわかりやすさに小倉はしばらくこだわったそうです。

その後、サービスエリアを全国へと拡大し、全国ネットワークの整備を完全に達成したのは一九九七年のことでした。

関東地方限定で開始したとき、初日の取扱数量は一一個だったといいます。これが二〇一四年には一五億個を突破するのですから、ものすごい勢いで成長したことになります。裏を返せば、それだけ多くの人々に求められているにもかかわらず、宅急便は日本で誰も行っていなかったサービスだったということでしょう。

小倉自身も、スタート当初は比較的追い風が多かったと述懐しています。

「利用者が配達を依頼して一日で荷物が届いたことなど口コミで近所にどんどん広まり、また利用者が増えていきました。当時営業所として委託されていた酒屋も、荷物を持ってくるついでに何かしらの買い物をしてくれるお客様が多かったことから、ヤマト運輸に対して非常に協力的になっていきました」

そのため、「採算がとれるようになる」と算段した三年目を待たずして、二年目で早くも黒字を達成しました。

## 敵は郵政省

ヤマト運輸の成功を見て、大口の荷物を運ぶほうが小口より合理的といっていた運輸業者も、次々と個人宅配事業に参入してくるようになりました。

しかし、生き残った企業はわずかでした。小倉はその理由を、「彼らには私と違って綿密な方程式に基づいた計画がなかった」からだといいます。たしかに、小倉の周到な計画と準備を考えれば、「ヤマト運輸が成功したから誰がやっても成功する」と思うのは甘いというものでしょう。

小倉の読みは当たっていましたし、計画通りに事業は成功しました。

といっても、すべてが順風満帆だったわけではありません。闘わざるを得ない相手が小倉の前に立ちはだかったからです。

それは郵政省（現・総務省〈日本郵政グループ〉）と運輸省（現・国土交通省）でした。

繰り返しますが、昔、個人向けの宅配事業は官営の郵政（現・日本郵便株式会社）が独占していました。当時、民間の運輸会社が扱っているのは法人向けのサービスが主で、個人向け宅配サービスは郵便局のみが行っているサービスでした。

そして、ここが問題です。「信書便法」という法律で、個人向け郵便はプライバシー保護のために郵政でしか行ってはならないこととなっているのです。しかし、それは「プライバシー保護」の名を借りた、郵政事業に関わる既得権維持が目的なのだと私は思います。

今から数年前にも、クロネコメール便など宅配業者のメール便は、信書便法に違反する恐れがあるという理由で廃止になったことがありました。

この信書便法の解釈が、宅急便事業の発足当時、個人向け宅配サービスにも拡大されて使われていたわけです。信書便法を盾に、郵政省は、個人宅配事業から手を引くように小倉にいってきたのでした。

しかし、小倉は相手が官僚であれ一歩も引かず、トップである自分自身が先頭に立って市民の生活の利便性を訴えて押し切ります。

小倉は小泉純一郎元首相と親交があったことでも知られていますが、小泉政権の郵政事業改革案に対して、「そんな細々とした改革はせず、信書便法を廃止すればそれですべてすむ」と意見したといいます。

## 「免許制」で行く手を阻む運輸省

一方、運輸省の問題は、当時、路線トラックは免許制というところで行く手を阻まれます。

たとえば、一九八〇年八月、国道二〇号線（山梨路線）の免許を申請しましたが、運輸省は申請書類を引き出しにしまい込んでいました。原因は競争激化を懸念した地元業者が反対していたためでした。

一九八四年一月には、免許の是非を審議する運輸審議会の公聴会が開かれ、小倉は冒頭陳述で、当社は、「宅急便は不特定多数の消費者を対象としており、既存業者の商業貨物輸送とは市場が全く異なる」と主張しました。

審議会もこれを認め、同年五月にやっと免許を得ましたが、申請からなんと四年近くもかかってしまったのです。

また、一九八一年一一月に申請した北青森路線の免許も、やはり棚ざらしにされました。運輸省に催促すると、「業者の反対を抑えれば、いつでも免許を出してやる」というような返事だったといいます。

熱い信念を持つ男、小倉が「許せない」と思ったのは当然でしょう。既存業者が反対したら免許は与えられない、反対しなければ与えるというのでは行政権の放棄ではないか。広く消費者のことを考えるのが行政の使命ではないのか――。

小倉の怒りは臨界点を超えました。

申請から四年経った一九八五年一二月、小倉は、運輸相に対して行政不服審査法に基づく異議申し立てをしました。

これに対する運輸省の回答は、「慎重に審査しているので、申請をいったん取り下げよ」というものでした。これは小倉の予期していた通りであり、即座に次なる奥の手を打つことにしました。

一九八六年八月、橋本龍太郎運輸相を相手どり、東京地裁に「不作為の違法確認の訴え」を起こしたのです。これは、民間企業が監督官庁に行政訴訟を起こすという、前代未聞の出来事でした。

小倉は、「運輸省なんて腐った官庁は要らない。運輸省のおかげで〝宅急便〟はずいぶん損をしている。ということは良質なサービスを受けられない利用者が損をしているということだ」などと派手な闘争宣伝をしました。対する運輸省は、裁判で勝つ自信がなかったのでしょう。十月には運輸審議会の公聴会が開かれ一二月には免許が出ました。

実は同じころ、同業者の佐川急便は、政治の力を利用して運輸省を籠絡するという「東京佐川急便事件」を引き起こしました。それに対して小倉は「ヤマトに政治力なんかない。あっても使いたくない」と正攻法で闘うことを信念としていたのです。

前述の「ネコがライオンにかみついた」三越の一件といい、郵政省や運輸省との闘いといい、小倉は、とくに自分が理不尽と思ったことには毅然として立ち向かい、正しいと思うこと、言うべきことは強く主張する人だということがわかります。

小倉は、決して親しみやすいタイプの人ではなかったようですが、自己の信念に基づいて堂々と意見を言い、正攻法で対策を講じるのです。

以来、小倉は「官僚と闘う男」というイメージで語られることが多くなりましたが、当の本人は、「一切、そんなつもりはない。当社の事業を運輸省が邪魔をしただけだ。免許取得に五年も要したことを思うと、今も腹が立つ」と話していたそうです。

私自身も、霞が関の官僚や、彼らと癒着したさまざまな業界団体が自分たちの既得権益を守るために、時代遅れな規制を維持・強化しようとする姿勢が、日本の発展の足かせになっていると感じています。ですから、小倉の態度には大いに共感します。

誰と闘うかは問題ではなく、理不尽な壁を突破してきただけのこと――明確なビジョン、強い信念に突き動かされ、たびたび怒りをも原動力に道を開いてきた熱い経営者・小倉昌男の姿が、この言葉からも浮かび上がってくるように思えます。

# 社員・お客様本位の「観音」的経営

御手洗毅《みたらいたけし》

## 「キヤノン」という社名に表れるグローバルな理念

私が以前から、日本企業の中で社名のネーミングがその経営姿勢に反映している典型と感じていたのが、「ソニー」と「キヤノン」でした。前者に関しては、私の著作『日本人だけが知らない世界から尊敬される日本人』（SBクリエイティブ）で、詳しく書かせていただきました。

キヤノンの英字綴《つづ》りCanonは、もともと英語にあるキリスト教の宗教用語で、そのまま直訳すれば「戒律、規範、基準、模範」です。

ソニーの英字SONYは英語にない造語ですが、ラテン語の語幹sonには、「音」の意味があり、sonicは「音の」という形容詞、sonataは音楽用語の「ソナタ」、consonanceといえば「調和」になります。

すでにこれだけで、キヤノンの創業者が抱いた、社員やお客様本位という「規範」

的な経営理念や、ソニーの創業の言葉にある「愉快ナル理想工場」での音響メーカーとしての躍動が伝わってくるのです。

ただ、キヤノンが最初からこの宗教用語を知っていて、社名にしたのかというとそうではなく、創業者の一人が仏教の「観音様」を信仰しており、その英字綴りKWANNONにあやかり、そこから一つ「N」を外して、第一号製品であるカメラの商品名を「KWANON」にしたところから来ています。

なぜKANONでなく間にWが入るのか、疑問に思う人が多いはずですが、昔の人はこれが当たり前だったのか、適切な説明がありません。

私は、たとえば関西の名門大学「関西学院」の英字がKwansei Gakuinで、校歌などでも「A Song for Kwansei」と記されるのをたまたま知っていました。この例に限らず、漢字の中には、「関」「観」「慣」「館」「管」などのように、もともとの漢音では「くわん」と発音するものがあるところから、この表記が出ているようです。

観音様のご慈悲にあやかろうとしてつけたブランド名KWANONを、その後、さらに発音しやすく通りのいい「キヤノン」にし、綴りもすっきりとしたCanonにしようとした時点で、創業者たちはCanonの意味に気づいたに違いありません。

まったく違う言語でありながら、そこにその後の世界企業を目指す経営理念につながる人間重視の姿勢、慈悲心や人道的な規範といった共通するものがあったのは、偶然とは思えない不思議な一致を感じます。

## 「キヤノン」はなぜ「キャノン」ではないのか

社名へのこだわりという点では、「キヤノン」という和名の表記についても特記すべきことがあります。それは、お気づきのように発音は拗音《ようおん》「キャ」を含んだ「キャノン」でありながら、表記は当初から「キヤノン」と「ヤ」を小文字にしない社名を採用していることです。

もちろん戦前の日本の文書を見ると、拗音や促音、たとえば「シャツ」や「はっきり」のような言葉にも小文字を使わず、「シヤツ」とか「はつきり」と記す例が一般的に見られます。ですから、当時としては「キヤノン」という表記も珍しくはなかったのでしょう。しかし、戦後になってもこの表記を使うのには理由がありそうです。

その理由には、まずデザイン的な文字のバランスが挙げられますが、それ以外にもちょっと興味深いのは、「ヤ」を小文字にすることで生じる空間が「穴が開いている」

ように見えるのを避けたかったからだということです。

また、「キャノン」といえば、宗教用語だけでなく一般名詞として「大砲」を意味するcannonがありますが、一般名詞だと商標登録しにくいという事情があります。たとえばDVDの後継光ディスクである「ブルーレイ」は、Blue-Rayだと「青い光」という一般名詞になってしまい、英語圏の国々では商標登録できません。そこでeの一文字を省き、Blu-rayにしたといういきさつがあると耳にしたことがあります。「キヤノン」Canonにも、当然、同様の事情はあるはずですから、商標登録のしやすさから見ても、考え抜かれた社名だと感じます。

総じてこうした社名へのこだわりには、キヤノンが世界企業へと成長した独特な企業文化がうかがえると思います。そしてその社風、企業文化の作り手として、創業者の一人であり、初代社長を三三年の長きにわたって務めた御手洗《みたらい》毅《たけし》の名が、今改めて思い出されるのです。

## 産婦人科医が履いた「二足のわらじ」

御手洗毅の人生でまず特筆すべきことは、根っからの経営者だったわけではなく、創業から数年間は、産婦人科の医師との二足のわらじを履いていたことでしょう。

生まれたのは、まさに二〇世紀が始まった年である一九〇一年。大分県の現・佐伯市にあった実家は、代々豪農とも医師ともいわれる名家で、町長も務めた父・退蔵の嫡男として生まれました。

旧制佐伯中学（現・佐伯鶴城高校）時代に結核で一年療養し、一念発起して列島南の九州からはるか北の北海道大学医学部へ進学します。大学では、すでに明治時代の最後につくられ全国の学生たちに愛されていた寮歌「都ぞ弥生」で有名な自治寮・恵《けい》迪《てき》寮の自治委員長になります。

この時代の自治寮は自治が徹底していましたから、委員長のリーダーシップが大切でした。東京大学駒場寮、京都大学吉田寮、東北大学明善寮とともに四大自治寮の一つといわれた恵迪寮のリーダーとして、クラーク博士の「ボーイズ・ビー・アンビシャス」の伝統とともに、御手洗は大いに人間鍛錬に励んだことでしょう。

後に『都ぞ弥生の』という題名で、「御手洗毅追悼集」がつくられたところから見ても、この大学時代が御手洗の人生にとって大変重要だったことが偲ばれます。

卒業後は一時、大学に残って講師をしながらの研究生活も考えたようですが、結局は東京に出て日本赤十字病院産婦人科の勤務医になりました。

しかし、単なる医師では終わらないのが御手洗でした。病院で出産の面倒を見た女性の夫で、山一證券に勤めていた内田三郎と、この女性の兄で映写機の仕事をしていた吉田五郎と親しくなります。

吉田は、少年時代からカメラの分解・組み立てをしていたカメラマニアでした。彼が、証券業界で成功していた内田を口説いて資金を出させ、一緒に一九三三年、国産カメラの開発を目指す精機光学研究所を立ち上げていました。そこで御手洗も産婦人科医の傍ら、共同経営者として参画することになったのです。

当時、カメラといえばドイツ製の三五ミリ・レンジファインダーの「ライカ」、一眼レフの「コンタックス」が高級機として有名でした。レンジファインダーは一眼レフと違って、本体のレンズとは別系統のファインダーを持つカメラです。

一眼レフは、本体のレンズから入った映像を、機内の反射鏡でファインダーに送りますから、実際に撮れる映像と同じ映像が見られる利点がある半面、構造が大きく重たくなりがちです。狙うとしたらレンジファインダーでの小型化でした。

大卒新人の月給が七〇円の時代に、ライカは一台五〇〇円もしましたが、それでも愛好家の間では引っ張りだこでした。そこで彼らは、ライカの向こうを張って、日本で初めての三五ミリ・レンジファインダー、フォーカルプレーン・シャッターのカメラの第一号機を発売します。

ファインダーに加えてシャッターも、レンズ近くで羽根板が開閉して露光する従来のレンズシャッターと違って、フィルムの直前でスリット（隙間）のある黒い膜が高速で移動して露光するフォーカルプレーンという新しい方式を採用していました。

## 二足のわらじでつかんだ新たな商機

この第一号機に「カンノン（KWANON）」と命名したのが、観音教に帰依していた吉田だったのです。一九三四年、雑誌『アサヒカメラ』六月号に載せた広告の文面が知られています。

「潜水艦ハ伊号、飛行機ハ九二式、カメラハKWANON　皆世界一」

当時、ドイツは第一次世界大戦の敗戦国であるにもかかわらず、ライカの技術を生み出していましたから、それに負けじと日本の誇る技術を並べたのでしょう。定価は二七〇円で、ライカの五〇〇〇円にはおよびませんが、かなり強気の価格設定でした。

売れ行きはなかなか好調で、事業も拡張しましたが、技術がまったくわからない内田と吉田との食い違いが生じ、吉田は社を去ってしまいます。

やがて前述のように商品名もキヤノン（Canon）に変え、御手洗が資金集めに尽力して目黒区に工場を建てます。一九三七年には「精機光学工業株式会社」を設立し、社長は置かず内田が専務になりました。御手洗は、このころ国際聖母病院産婦人科部長となっていたこともあり、非常勤の監査役に就きました。

この時点で、御手洗は産婦人科医をやめる気はなく、まさに二足のわらじを履いていたことになります。しかも株式会社設立のこの年、「毒ガス（塩素系ガス）」という論文で医学博士号をとっています。

そんな二足のわらじの御手洗の会社での仕事は、月一回の役員会に出席することと、社員の健康診断をすることでした。しかし、この医者ならではの視点が、新たな商機を見つけることにつながりました。

当時、だんだん戦時色が強くなるにつれ、民生用の製品にはレンズなど必要な部品が回ってきにくくなりました。一九三七年にはカメラに物品特別税が課せられて定価が高くなり、月産目標の四五台を達成できなくなりました。

そんな中で、御手洗は健康診断に使うX線カメラに目をつけました。当時、健康診断に使うX線カメラは、ほとんどドイツ製でした。そこで、御手洗はこのX線カメラの国産化を社に提案し、海軍の医務局に働きかけて受注に成功します。

そして三年後、完成した「三五ミリ間接X線カメラ」を海軍に納入すると、やがて陸軍からも注文が入り、年に一〇〇台を生産するまでになったのです。

こうなると「武家の商法」ならぬ「医者の商法」も、侮り難いものになります。月一回の非常勤では足りず、取締役に就任して毎日出勤するようになったのです。

## 「任せる力」を武器に実業界を席捲

一九四一年、日本が大東亜戦争に突入すると、個人病院の院長という本職を持ちながら経営に参加していた御手洗に、また新たな局面が訪れます。専務の内田が、国の要請で、当時日本領になっていたシンガポールの司政官に赴任してしまったのです。経営の最高責任者がいなくなった会社では、この難しい時代に社業を続けられません。御手洗は社員たちの要請で、翌年九月、やむなく社長に就任します。

社員の前で話したとされるスピーチの内容を聞いて、私は感動しました。

「私は社長になりましたが、もともと医師だから技術も経理もわかりません。財務部長が私をだまそうと思えば簡単にできます。そんな社長が会社を繁栄させるには、皆を信頼して、信じた一人ひとりに誠心誠意やってもらうしかありません」

こう話して「有言実行」したのです。いわば「雇われ社長の鑑」のような、お任せ上手の経営を、御手洗は繰り広げました。

その第一、「信頼」の実行が、月給制の採用でした。

当時の製造業では、いわゆるブルーカラーは「工員」と呼ばれ、ホワイトカラーの社員と区別されていました。社屋への出入り口も別で、工員の報酬は出来高払いでした。これでは生活が安定せず、いい仕事もできない。そう考えた御手洗は、「工員」という名称・身分を廃止し、報酬も社員と同じ月給制にしたのです。

これが、御手洗の「理想主義・家族主義」の原点といわれる英断でした。

戦時中は、大手・日本光学の協力会社として軍需製品で耐え忍びますが、自分の病院は空襲で焼け落ち、再建をあきらめて会社経営に専念するきっかけになりました。

戦後、他社がナベ・カマなどの生活用品や、焼け跡での芋栽培などで糊口《ここう》を凌《しの》ぐ中、社業への専念を決断した御手洗は、あくまでもカメラ生産にこだわります。

戦時中、同規模の他メーカーを吸収合併して、社員は五五〇人規模になっていましたが、こうした「寄せ集め集団」でも働き甲斐を感じられるように、次のような「家族主義」的経営手腕が続々と発揮されました。

1、戦後すぐの一九四六年に、他社に先駆けて従業員組合の結成を助けた

2、永年勤務者の表彰や家族を招いた観劇会などを実施した
3、一九五〇年には持ち家を目指す住宅組合を設置した
4、収益を資本、経営、労働で分ける「三分配制度」を実施した

御手洗はその後も、社員が「キヤノンで一生を過ごして本当によかった」と思ってくれる会社にしたいということを繰り返し言っていたようですから、明らかに「終身雇用」の考え方を持っていたでしょう。

こうした御手洗の理想主義・家族主義には、創業時の「KWANON」（観音）の慈悲心や、後に採用した「Canon」の原義である宗教的・人道的な「規範」に通じるものがあります。

このように社内をまとめながら、海外進出を目指していた御手洗は、すでに一九三五年に製品名としては採用していたCanonの名を社名にも採用し、創立十周年を迎えた一九四七年に「キヤノンカメラ株式会社」に改称しました。

## メイド・イン・「オキュパイド・ジャパン（占領下の日本）」を跳ねのける

このころの御手洗の発言には、二足のわらじを一足に履き替えて、経営に専念する意気込みと決意がうかがえます。いくつか要約して取り上げてみます。

戦後すぐカメラ生産に絞った事業を再開したとき、「精密工業ほど、わずかな材料で大きな価値を生み出せるものはない」と言い、「時代は変わり、もう大会社も下請けもない。実力だけがものをいうのだ」と言って、旧軍関係や大手会社からのヘッド・ハンティングを含めた優秀な人材の確保に力を入れたそうです。

社名をキヤノンカメラに変えた年の十周年の挨拶では、「日本が世界に伍《ご》していくには頭でつくった製品を世界に売るしかない。我々は打倒ライカを目指す」と言ってのけました。

社名の変更や、こうした大胆な宣言に批判的な人に対しては、実行で示すしかないと、翌一九四八年には、従来、日本光学（ニコン）に頼り切っていたレンズの調達をすべて自社開発製品に切り替えました。

「日本が世界に伍していく」ためには、世界に通じやすい社名変更も必要であり、有名な「ソニー」（ＳＯＮＹ）の社名登場より一一年も先んじていました。

こうして、社内的には家族主義経営で社員の力を最大限に引き出し、対外的には海外戦略を積極的に進める御手洗の経営努力は、次第に実を結び始めました。

技術面でも人材登用が生きて、画期的な開発も出てきました。中でも象徴的だったのは、ライカの技術に対する挑戦です。

ライカのレンズでは、レンズの明るさを示すｆ値が２・０だったのに対して、キヤノンでは１・９のレンズが実現しました。ｆ値は数値が小さいほど明るいので、キヤノンはライカを上回る明るさのレンズを開発したことになります。

こうして、キヤノンは世界的カメラメーカーとしての評価を高め、それに伴って実績も上がりました。御手洗の三三年に及ぶ社長時代は、そのままキヤノンの苦闘と成長の歴史でした。相次ぐ技術開発と新製品の成功の中で、御手洗らしい一つのエピソードが印象に残っています。

一九五〇年、御手洗が最新型機を、アメリカに売り込みに行ったときのことです。面会した有力代理店ベル・アンド・ハウエルの社長は、キヤノンについてまったく知らず、持参したカメラにも関心を示しませんでした。

ところが、置いてきたカメラを同社の技術者が見て驚きました。そして社長から、こう連絡があったというのです。

「このカメラはライカより数段優れている。残念なのは、メイド・イン・オキュパイド・ジャパン（占領下の日本製）であることだ。当社ブランドで生産しないか」

たしかに、当時まだＧＨＱが日本を支配していましたから、海外の企業人の目もこの程度だったのでしょう。しかし御手洗は、「キヤノンのブランドでなくては世界進出の意味がない。自分で産んだ子は自分で育てる」と言ってこの話を断ったと後に語っています。

## 「目に見えない」ＧＨＱ運動

ＧＨＱといえば、その九年後、御手洗がキヤノン社内で展開した「ＧＨＱ運動」というのを思い出します。

これは実は占領軍とは関係なく、社員に勤務時間中は効率的に働き、仕事を終えたらすぐに帰宅することを奨励する「新家族主義」「健康第一主義」から出た「Go Home Quickly」の頭文字でした。GHQに一矢報いたということでしょうか。

この流れからさらに、一九六七年には、当時の日本企業としては画期的な完全週休二日制を導入しました。

御手洗が社長を退いた後も、一九八八年には、勤続五年ごとに金一封と特別休暇を与える「リフレッシュ休暇制度」、二〇〇〇年には、有給休暇を連続して五日間取得する「フリーバカンス制度」をそれぞれ導入するなど、御手洗の蒔いた家族主義の種は大きく育っています。

## 真に選ばれる顧客サービスとは

私は最近、こうして育てられた社員なら、カスタマーサービスの点でもいい結果を残すと感じています。たとえば、アメリカの有名なデパートに「ノードストローム」という会社があります。この会社は、社員に全面的な信頼を置き、社内規定はただ一つ、「あなたの判断で正しいことをしなさい」とあるだけです。

すると社員はお客に対して、「どうするのが正しいか」を自分で判断しなければなりません。たとえば、こんな印象深いエピソードがあります。

あるお客が、サンフランシスコのノードストロームでスーツを買いました。このお客は、すぐにテキサスに向かうことになっていましたが、スーツの裾上げなどの作業が、出発の時間に間に合いそうにありませんでした。

そのお客は仕方なくあきらめて、後で取りに来るつもりでサンフランシスコを後にしました。ところが、テキサスのホテルに着いてみたら、仕上がったスーツが届けられていたというのです。

もちろん送って届くはずがありません。どうしたのかというと、そのお客の対応をしたサンフランシスコ店の店員が、テキサス店にお客のデータを連絡し、同じ生地、同じデザインのスーツで、裾上げなども仕上げて届けさせたのです。

このデパートには、ほかにも伝説的なエピソードがあります。

とくに驚かされるのは次の話です。ノードストロームは高級百貨店であり、自動車関連の製品は扱っていません。ところがある日、一人のお客が店頭に現れて、自動車のタイヤの返品と返金を要求しました。社員は一度は戸惑いましたが、持ち込まれたタイヤを受け取り、要求された代金を渡しました。もともと売却していないのですから、当然領収書もありません。この対応をした社員の行動は、是非が議論されましたが、結局それでいい、それで正しいという結論になったといいます。

もちろん、店側は、その場で「売っていない証拠」を示すことはできたかもしれません。でも示したら、このお客が「嘘つき」ということになってしまいます。自分で勘違いに気づかない限り、店側としてはお客を嘘つきにはできない――だから、代金を渡してよかったのだというわけです。

これは極端な例かもしれませんが、「人を信じて仕事をさせる」ということは、多かれ少なかれ、こうした理想主義的な姿勢が求められるということでしょう。

翻って、キヤノンを世界に飛躍する優れた会社にした御手洗毅についても、私は深い感動を覚えずにはいられません。

創業当初の二足のわらじ時代から培った、社員を信じる経営に、家族主義といった、いわば「観音」的経営。現在の企業社会では忘れられがちな「理想主義」的な経営姿勢が、いつも底辺に流れていた――。そのことを改めて感じています。

# 第三章

# おもてなし

## ――世界を感動させた「心意気」

# 日本とトルコの架け橋となった偉大な「民間外交」山田寅次郎《やまだとらじろう》

## トルコが親日国となった「エルトゥールル号事件」

トルコが世界でも指折りの親日国であることは、よく知られています。

しかし、そのきっかけが、トルコの宿敵であるロシアをやっつけてくれた日露戦争であり、トルコで最も有名な日本人は東郷平八郎や乃木希典《のぎまれすけ》だと考えている人がもしいたら、「ちょっと待ってよ」と言いたくなります。

実は、トルコが親日国になったきっかけは、日露戦争以前に起きた一つの事件にあります。トルコで最も有名な日本人は、東郷平八郎や乃木希典の活躍以前に存在したのです。日本とトルコの絆を結んだ民間外交官として知られるその人の名は、山田寅《やまだとら》次郎《じろう》。イスタンブールには「山田寅次郎広場」があるほどの有名人です。

山田は、約二〇年間トルコに滞在し、民間大使としての役割を果たしました。そして山田がトルコと関わりを持ち始めたきっかけは、トルコの軍艦エルトゥールル号の遭難でした。

私が、公私ともに古くからお世話になっているジャーナリストの植田《うえだ》剛彦《たかひこ》さんと共著で書いた『不死鳥の国ニッポン』（日新報道）にもあるように、トルコが親日国になったきっかけは、日露戦争以前の一八九〇年に起きたエルトゥールル号事件です。

エルトゥールル号事件とは、トルコ共和国の前身であるオスマン帝国の軍艦エルトゥールル号が、和歌山県の樫野崎沖で座礁・沈没した水難事故です。つまり、日本とトルコの親密な関係は、一二〇年以上も昔に起きた事故から始まったのです。

事故が起きたのは、一八九〇年九月一六日の夜のことでした。エルトゥールル号は暴風雨の中、紀伊半島南端近くにある島の沖合で岩礁に激突しました。大爆音とともに船体は中央から真っ二つに割れ、海中に姿を消していきました。

## 救出活動に情熱をそそいだ大和男児

このとき、大活躍をしたのは紀伊大島の村民たちでした。翌日の朝、海に漂う船の破片や多くの遺体、必死の思いで避難した乗組員の姿を見た村民たちは、村長や村の役人たちの指揮のもとですばやく動き出しました。

とはいえ、救出は困難を極めたようです。というのも、この島には遠浅の部分がほとんどなく、周囲は切り立った崖になっています。したがって、戸板に乗せて運び上げなければなりません。雨もまだ降っていました。

村民たちは、彼らを寺に運び、体を拭き、水や食べ物を与えてと、必死に介抱しました。折悪しく、その年は不漁と不作が重なり、村民は貧しい生活を強いられていましたが、非常時に備えて蓄えておいた食料を惜しげもなく提供したのです。

また、遺体は、遭難場所に近い山野に丁重に葬ってあげました。しかも、治療にあたった医者たちは、一切の治療費を受けとろうとはしなかったのです。

その後、生存者は神戸港にあった和田岬消毒所に収容されました。そこでも、彼らは、日本赤十字社の看護婦らに献身的に介抱されています。

こうして、荒れ狂う海に投げ出された乗組員六五六人のうち、五八〇名を超える乗組員が亡くなりましたが、地元の人々や看護婦たちの必死の救出活動によって、六九名の命が救われたのです。

さらにこの事故が新聞などで報じられると、日本全国から多くの義援金や見舞いの品が届けられました。その上、皇后陛下からは入院中に着られるようにと、ネルでできた衣服が一人一着ずつ贈られています。

皇后陛下のお人柄に触れた彼らは、この厚意に涙を流して喜んだといいます。おそらく、決して汚さないように、大切に身に着けたことでしょう。

その後、生存者は帝国海軍の軍艦で祖国へと送られました。トルコでは小学校の教科書にこのエピソードが載っているそうです。だからこそトルコ人は、子どもの頃から日本が大好きになるのです。

大島村（現・串本町）でも、エルトゥールル号遭難事件が起こってから、五年ごとに慰霊祭を開催してきました。

また、地元の小学生は、亡くなった乗組員が葬られたお墓の清掃を続けていて、今でも行われているそうです。一一月に行われる清掃行事の前には、犠牲者の墓地に全校生徒が集まり、墓前に詣でて追悼歌を歌うといいます。

## 義援金を携えて一躍トルコへ

連日のように報道されるエルトゥールル号遭難事件に衝撃を受けたのが、当時二三歳の山田寅次郎でした。

トルコという遠い国から、極東と呼ばれる日本にわざわざやってきて、航海中にコレラにかかったり台風に見舞われたりと、災難続きの彼らに深く同情したのでした。そこで、寅次郎は、義援金を集める活動をする決意をしました。

新聞社に協力を求めて、演説会を何度も催し、一年後には、五千円の寄付を集めることに成功しました。当時の五千円は、今のお金にすれば何千万円もの大金です。

これほどのことを為し得た秘密は、寅次郎の生い立ちにあります。

寅次郎は、一八六六年、当時の沼田藩士・中村家の次男として生まれました。中村家は、曽祖父の時代から家老職を務める家柄だったといいます。

六歳まで沼田で生活していた寅次郎は、その後上京し、茶道宗徧流家元・山田家の養子になりました。山田家では、家元が亡くなったため、妻があとを継いでいたのですが、子がなかったために、寅次郎を養子として迎えたのです。

やがて、茶名・宗有を得たのですが、彼に家元を継ぐ気はありませんでした。ですから、養母が亡くなった後も襲名せず、弟子の宗知に任せたまま、言論界に入り、政治活動や出版活動にも手を広げています。

こうした活動から、政治評論家で日本新聞社社長を務めていた陸羯南《くがかつなん》やジャーナリストで作家、政治家でもある福地源一郎《ふくちげんいちろう》らと親しくなっていたために、これだけの大金を集めることができたのでしょう。

こうして多額の義援金を集めた寅次郎は、そのお金を、最初は送金するつもりでした。しかし、ときの外務大臣・青木周蔵に相談したところ、トルコまで届けに行くことをすすめられました。

そのアドバイスを受けて、自ら届けることにし、オスマン帝国の首都・イスタンブールに着いたのは、一八九二年のことでした。一介の民間人が、わざわざ多額の義援金を届けに来てくれたというニュースは、たちまち国中に知れ渡りました。

皇帝・アブデュルハミト二世との面会もかない、そのとき寅次郎は、実家の中村家に伝わる甲冑や太刀を献上しています。それらの品は、今でもトプカプ宮殿博物館に展示されているそうです。

このときの寅次郎には、多少の野心もあったのかもしれません。たとえば、彼は、数カ月の滞在中に、持参した日本製品をオスマン商工会議所に陳列し、販売所の開設を計画しました。

そして、いったん帰国してのち再びイスタンブールを訪問し、大阪の中村健次郎という人物の出資を得て「中村商店」を開いています。

もっとも、寅次郎自身は、日本との交易を求める皇帝から、士官学校で日本語を教えたり、美術品の整理をしたり、茶道を教えることを依頼されたために、滞在することになったと語っているようです。つまり、事業を起こす決意をしたのは、その後のことだということなのでしょう。

たしかに、当時のトルコは、自国の商工業を発展させるために、欧州から物資を購入せざるを得ない状況にありました。これでは、宿敵であるキリスト教国に、イスラム教国のトルコのお金が吸い取られるばかりです。

エルトゥールル号遭難事件以後、皇帝は日本に尊敬と感謝の気持ちを抱き、日本と親密になりたいという気持ちが強くなっていたのでしょう。

やがて、一九〇四年、彼のイスタンブール滞在中に日露戦争が勃発しました。この戦争で日本が勝ったとき、ロシアを共通の敵国と考えていたトルコ（当時はオスマン帝国）の皇帝は、「わが国の勝利と考えるべきである」と語り、トルコが勝ったかのように喜んだそうです。

当時は、日露戦争の英雄・東郷平八郎や乃木希典にちなんで、トルコで生まれた多くの赤ちゃんが、トーゴーやノギと命名されたといいます。それほど、トルコの人々は日本の勝利に熱狂したのです。

いずれにしても、イスタンブールで商売を始めた寅次郎は、これをきっかけに日本の実業界に進出しようと「たばこ」に注目しました。当時トルコでは、輸出産業としてたばこの製造が行われていたからです。

日本は日露戦争の戦費を賄うために、たばこ産業を専売制にしていました。寅次郎はトルコからたばこ製造の技術を日本に持ってきて、紙巻きたばこの紙を大蔵省に納入する事業を計画したのです。

その計画が実現したのは一九〇五年、実業家の井上保次郎や中村商店の中村久兵衛らが大阪で東洋製紙株式会社をおこし、寅次郎も監査役として加わりました。これが、日本最初の紙巻きたばこ用の紙製造です。

当時、オスマン帝国と日本の間に国交はない状態だったので、イスタンブールに滞在する日本人は寅次郎以外いませんでした。

したがって、日本からの多種多様の訪問者が、彼のもとを訪ね、彼を頼っています。これが、のちに寅次郎が「日本の民間大使」と呼ばれるようになった理由でしょう。寅次郎の唯一の著書『土耳古《トルコ》畫観《がかん》』（博文館、一九一一年）には、当時のイスタンブールの様子が綴られています。当時を知る貴重な文献として復刻版も出ています。

## トルコ人から日本への恩返し

一九八〇年、隣り合ったイスラム教国・イランとイラクが戦争状態に入りました。この戦争は、イスラム教のシーア派とスンニ派の歴史的な対立や、古来続く石油をめぐる対立などがあらわになった戦争です。

そこに周辺諸国や欧米国家が干渉して、次第に泥沼化していきました。

そんなさなかの一九八五年、イラクのフセイン大統領が、四八時間後にイラン上空を飛ぶすべての航空機を攻撃するという声明を出しました。民間機も含めるというので、日本人も無関係ではいられません。

イランの日本大使館は、慌てて日本人に出国命令を出しましたが、全員が出国するには飛行機が足りません。各国の航空会社と交渉しましたが、どこの国も、自国民を避難させるだけで精一杯の状況です。

二〇〇人分の座席が確保できないまま、予告期限は刻々と迫ってきました。そんなとき、手を挙げてくれたのがトルコ航空でした。のちに大統領になったオザル首相の特別機を出すと決断してくれました。トルコ航空では、この特別機に乗るパイロットを募集したところ、全員が手を挙げたといいます。

二機のトルコ航空の飛行機が日本人を乗せてテヘランの空港を飛び立ったのは、予告された期限の一時間前のことでした。トルコ航空のおかげで取り残された日本人全員が危機一髪で脱出に成功したのです。これは親日国ならではの決断だったでしょう。

このようにトルコの人々が日本に対して非常に友好的になるうえで、山田寅次郎の存在が一役買ったことは、間違いありません。彼は明治時代、二〇年以上にわたってトルコに住み続けた稀有な日本人でした。日本は、もう一度、エルトゥールル号の遭難者を助けた紀伊大島の島民や、山田寅次郎のような先人の功績を思い出す必要があるのではないでしょうか。

# インドの砂漠を緑化させた「グリーン・ファーザー」

杉山龍丸《すぎやまたつまる》

## インドの砂漠地帯を穀倉地帯に変えた男

私は、日本の「里山文化」を高く評価しています。神道の影響もあるのだと思いますが、日本人にとって自然は征服すべき対象ではありません。人間と自然は共存する対象として捉えられ、この価値観の下で、日本人の暮らしと文化は成り立ってきました。

そんな日本人が里山文化を忘れてしまったら、一体何が残るのでしょうか——というのは言い過ぎかもしれませんが、人の暮らしは豊かな自然との共存あってこそという日本の伝統と文化は、決して失われるべきものではないでしょう。

ここで思い起こされるのは、なんと海を越えて、はるか遠いインドの砂漠地帯で緑を守り育てる大切さを伝えた男、杉山龍丸《すぎやまたつまる》です。

インダス文明といえば、紀元前二五〇〇年ごろから紀元前一五〇〇年ごろにかけて、インド・パキスタン・アフガニスタンのインダス川流域に栄えた文明です。

この文明はなぜ滅びていったのでしょうか。インダス川の氾濫によって埋没し、さらにアーリア人の侵入によって完全に消滅したという学者もいれば、いつかなる理由で幕を閉じたのかは解明されていないとする学者もいます。

現在、世界では一秒間に約二千平方メートルの土地が砂漠化しているといいます。地球温暖化が進むと、砂漠化のスピードがさらに加速するともいわれています。

この砂漠化をくい止めるために立ち上がったのが、杉山でした。インドでは、彼は「グリーン・ファーザー」と呼ばれ、今も尊敬を集めているそうです。

インドの北方、デリーからパンジャーブ州を走る国際道路に沿って、緑のユーカリの樹がうっそうと生い茂っています。全長四七〇キロメートルにも及びます。これは東京―姫路間の直線距離に匹敵します。

このあたりは、もともと砂漠地帯でしたが、今やインドの一大穀倉地帯となっています。杉山龍丸は砂漠の緑化に成功したばかりでなく、多くの実りをもたらす肥沃《ひよく》な大地へと変えてしまったのです。

## 「これからはアジアの時代だ」

一九一九年、杉山龍丸は福岡で生まれました。祖父の杉山茂丸は日露戦争の舞台裏から頭角を現し、明治・大正期の国家の重鎮たちと共に国政に関わった人物です。伊藤博文らと親交もあり、政財界の黒幕的存在であったといわれています。

茂丸は二五歳のとき香港に渡り、イギリス人居住区の入り口にあった「犬と中国人は入るべからず」という看板を見て驚きます。欧米列強がアジア各国で行っている植民地支配の悲惨な姿を実感して帰国します。

茂丸はそれからの人生を、「日本が独立を守るにはどうすればいいのか」という思いを持って過ごしたと伝えられます。同じアジアである日本も、今に中国のように欧米列強の植民地になるかもしれないという危惧を抱いたからだといいます。

龍丸は三歳ころから、祖父と父が起こした「杉山農園」で育ちました。幼いころから、鍬《くわ》や鋤《すき》を手にして農業を実践的に勉強していたのです。

祖父・茂丸は、「これからはアジアの時代だ」と言い、福岡県の香椎《かしい》の地に四万坪（約一三万平方メートル）の土地を購入し、大農場をつくり上げました。アジア各国が独立した後は各国に若き農業指導者が必要になると考え、その養成のためにつくった大農場でした。

龍丸は、そこで祖父や父から農業の大切さを教え込まれながら育ちました。

龍丸の父・夢野久作《ゆめのきゅうさく》（本名・杉山直樹、出家して泰道萠圓《ほうえん》（杉山萠圓））は一八八九年に茂丸の長男として福岡市に生まれました。本業は作家で、日本三大奇書の一つ『ドグラ・マグラ』が代表作として知られています。

久作が茂丸から資金を渡されて、大正の初めにつくったのが「杉山農園」でした。茂丸は息子の久作に、「アジアの各国が独立した時に、農業指導者が必要になる。その農業指導者を育てるために、農園を造れ」と命じ、父親の意志を継いで久作は農園を守りながら文学作品を書き続けました。また、杉山家に伝わるいくつもの話を書いて伝えています。

## 「人間愛」を目覚めさせた孤独と戦争体験

一九三五年七月、龍丸の祖父・茂丸が脳溢血で、さらに、翌年三月には父・夢野久作が祖父と同じ脳溢血で、四七歳の若さで帰らぬ人となりました。

一七歳になったばかりの龍丸は三人兄弟の長男として、一家を背負う立場になります。敬愛する祖父と父を次々に失ってしまった孤独から、龍丸は満たされない思いを抱えていました。その寂しい心を、龍丸は軍人になることで紛らわそうとしました。

そして、彼に遺された祖父と父からの遺言は、「杉山農園の土地は私物化せず、当初の目的通りアジアのために使え」というものでした。

そのため、龍丸は学びながら給料がもらえる陸軍士官学校へ進学します。陸軍士官学校卒業後、龍丸は指示により航空技術学校へ進学します。航空技術学校は、航空整備将校を育てるための学校で、龍丸はその第一期生でした。

航空技術学校を卒業した龍丸は満州に赴任します。そこで遭遇したのは、突然エンジンが止まって墜落する飛行機事故でした。龍丸は一期生なので相談する先輩もおらず、孤独の中で苦悩しました。

寝る間も惜しんで解決方法を探し、戦闘機の設計者にも直接手紙を出して指導を仰ぎます。中でも零戦の設計者の堀越二郎とは生涯の友人になったといいます。

その後、龍丸の部隊は船でフィリピンへ移動します。平時の定員の二倍に改装された船には、およそ四千名の兵士が乗っていました。

三六隻の船団はフィリピンを目前にして、アメリカ軍潜水艦の攻撃を受け、二八隻が撃沈されます。龍丸が乗っていた船も明け方に撃沈され、南国の照りつける太陽の下、一四時間漂流し救助されますが、結果、部隊の三分の一が戦死したといいます。

フィリピンに上陸後、部隊を立て直し、フィリピン中部のネグロス島・ファブリカ基地へ部隊は移動します。龍丸の部隊は陸軍で最初に特攻機を出した基地となり、レイテ戦にも参加しました。

試行錯誤しながら最後まで戦闘機を飛ばし続けた龍丸でしたが、ボルネオに脱出し、そこで、アメリカ軍の機銃掃射を受け、片肺貫通の重傷を負ってしまいます。それ以来、生涯、神経痛に悩まされる体になってしまいます。

龍丸は「トップに立つ人間は孤独なのだ」とよく言っていたそうですが、その中でも、戦後、「戦死した自分の部下の家を一軒一軒回って、遺品を届けて亡くなった状況を伝える旅ほど辛いことはなかった」と述懐していたといいます。

フィリピン基地の整備隊長として、特攻隊を送り出した無念さ、命の尊さを踏みにじった日本軍に対しては愚かさを龍丸は感じたようです。戦後「幻の戦闘機隊」という手記にその思いを書き綴りました。「これを書かないと死ねない」と、夜遅くまで涙を流しながら書き続けていたといいます。

戦死の知らせは、伝えられる側はもちろんのことですが、伝えるほうも辛く苦しく悲しいものでした。戦争は龍丸にとって辛い体験ではありましたが、人間愛に目覚める契機となったことは間違いないでしょう。

## 突如芽生えたインドとの交わり

龍丸のインドとの関わりは突然訪れました。杉山農園に戻っていた龍丸が、生活のために上京し、秋葉原でプラスチック製品の販売店を営業していた頃のことでした。雑踏の中で一人の見知らぬ僧侶に呼び止められます。それは陸軍士官学校の同級生・佐藤幸雄でした。彼は一人のインドの青年を連れていました。

佐藤は戦後、僧侶となり、インドを解放しようと立ち上がったガンジーに共鳴し、農業開発の分野でガンジーを助けたいのだといいます。一緒にいた青年はガンジーの弟子でした。

これがきっかけとなり、龍丸のところにしばしばガンジーの弟子たちがインドから訪ねてくるようになりました。何人目かの留学生にミルミラーというガンジーの直弟子がいました。

弟子たちはガンジーから、「日本で、古来庶民の間に伝わる陶器の技術を学んできなさい。近代的なものは、今のインドでは役に立ちません」との教えを受けて来日していました。彼らは龍丸の紹介で、陶器や和紙の伝統工芸を学び、あるいは農業技術を身につけて帰っていったといいます。

このことがきっかけとなり、ガンジーの直弟子たちとの付き合いが深まるにつれ、龍丸はインドにのめり込んでいくことになります。

一九五五年、結婚したばかりの龍丸は福岡に帰り、国際文化福祉協会を設立し、本格的にインドの支援に取り組み始めます。自分の意思でもありましたが、インドのネルー首相から「産業技術の指導支援の依頼」があり、これを受けたものでもあったそうです。

しかし、当時は日本自体がまだまだ貧しく、龍丸の行動は当時の人々からは、なかなか理解してもらえませんでした。

一九六二年、龍丸は四三歳で初めてインドに向かいます。実は、三年前からパスポートを申請していましたが、「インド総督暗殺未遂犯として指名手配された独立運動家、ラース・ビハーリー・ボースの逃亡を手伝った杉山茂丸の孫」ということが問題になっていました。結局、三年間に及ぶ調査を受けて、やっとのことでパスポート発行の許可が下りたのでした。ちなみにチャンドラ・ボースほど有名ではないこちらのボースは、亡命後に新宿中村屋の娘婿となって日本に帰化し、本格的なインドカレーを日本に伝えた「日本のインドカレーの父」とも呼ばれる人物です。

インドに着いて、デカン高原のワルダ地方にあるガンジー塾(ガンジーの住居、仕事場、治療施設)を訪ねました。ガンジーが毎日祈った菩提樹の木の下で、ひざまずき祈ってみると、まるで生きたガンジーがそこにいるように感じられました。龍丸は感動して、ガンジーの弟子になりたいとすら思ったそうです。

龍丸はインドで大歓迎を受け、インドの聖人ヴィノバと約一カ月の旅をします。ガンジーの教えを広めるためです。

ある村の小学校で、子どもたちが椅子に座り、土が入った箱を膝の上に置いて、箱の中に文字を書いて勉強をしている姿を見た龍丸は、「日本に残してきた私の子どもは、なんと贅沢な環境で勉強していることか」と驚いたと書き遺しています。この言葉から、現地の人々の立場に寄り添った龍丸の姿勢を伺い知ることができます。

別の村では、龍丸は村人にわらじをつくって見せました。すると、村長から、つくり方を教えてほしいと頼まれます。龍丸は、驚きましたが、民間に伝わる日本古来の伝統技術がインドの人々の役に立つということを実感したのです。

## 砂漠の地に植林で命を吹き込む

その後も、龍丸はたびたびインドを訪問し、ガンジー塾の人々と交流し、いろいろな技術支援に取り組みました。

その中で龍丸は、インドは地下水位が低いこと、および土壌に有機物が少ないことに気づき、それがレンガを焼くために森林を伐採した結果であることを確信します。

そして、「世界中で古代文明があったところは砂漠になっている。これは、森林などの自然と共存できない文明は滅ぶということだ」という結論に達し、インドの仲間たちに、樹を植えることを提案し実践しました。

文明があった土地が砂漠化した原因を突き止めた龍丸は、次のようなメッセージを遺しています。

1、食物を自給できない国は滅ぶ。

2、化石燃料を消費するばかりでなく、エネルギーが循環する新しい仕組みをつくらないと、人類は滅ぶ。

3、西洋の科学では、植物があると蒸発・蒸散があるので、樹があったほうが人間が使える水が少なくなるとなっているが、日本には古来「樹が水をつくりだす」という考え方がある。この考えを広めていかなければならない。

龍丸がインド北部のパンジャーブ州のピラト総督に招かれたとき、ピラトは、「インドを豊かにするには、どうしたらいいか」と龍丸に尋ねてきました。

龍丸はインドに来て感じた先のような点を単刀直入に説明しました。

古来、インドの文明は、木材を燃料にしてつくったレンガで建造物を建てるために、森林をことごとく伐採した。その結果、森林がなくなり、大地の水が枯渇し、地面は砂漠と化してしまった――こう指摘し、龍丸は「今、インドに必要なのは植林です。

ユーカリの樹を植えるべきです」と提案したのでした。

ユーカリは根が深く伸び、乾燥している土地の底に流れる水を吸収するという特徴があります。しかも、生命力にあふれ、生長が早いという特徴もあります。この土地には最適の樹でした。

熱心に聞き入っていたピラトに対して龍丸は、デリーからアムリッツァル市（パンジャーブ州）まで走る国際道路沿いにユーカリを植えたらどうかと提案します。

ユーカリの根は地下に水をためる能力を持ちます。つまり、穀物や野菜なども育てることができるのです。ピラトは龍丸の考えに賛同します。早速、事業化に着手し、ピラトは龍丸にその指導を依頼したのでした。

## 熱情がもたらした「ユーカリの奇跡」

インドで半年間過ごした龍丸が帰国した翌年、一九六三年、「インドで大飢饉発生」というニュースが飛び込んできました。

雨が降らず、大地が乾き、作物がとれなくなりました。このような日々が以後三年も続き、五〇〇〇万人もの餓死者が出てしまいました。

それを見逃すわけにはいかないと考えた龍丸の決断は、非常に早いものでした。手元に資金はありませんが、祖父や父が残してくれた杉山農園の土地四万坪があります。この土地を切り売りして資金をつくればいいという考えでした。

もともとは、祖父がアジアを救おうと切り拓いた農園です。それがアジアの砂漠化を防ぎ、緑の大地を蘇らせるのですから、亡き祖父も父も賛成してくれると思ったのでしょう。

ちょうどそのころ、パンジャーブ州から、ユーカリの苗づくりに成功したという朗報が届き、龍丸は再びインドへと旅立ちます。

龍丸が提案したユーカリの植林事業は、少しずつですが、着実に実を結びつつありました。国際道路沿いに植えたユーカリの樹は見事に生長し、その土地にも変化が生じていました。予想通り、周囲には水が蓄えられ、作物が育つ地質に変化していたのです。

今ではパンジャーブ州は、インド一の穀倉地帯となっています。まさに、龍丸の熱意が起こしたユーカリの奇跡ともいうべきものでした。

## 人生をかけた慈善活動

龍丸のインドへの貢献は、ユーカリの植林だけではありません。

インドのヒマラヤ山脈に続くシュワリック・レンジ（丘陵）で、大規模な土砂崩落が起きていました。日本列島よりも長い、三千キロに及ぶ砂漠の丘が崩れていたのです。ひとたび集中豪雨があると、土砂が一気に押し寄せて、麓の村々を破壊し尽くしました。

世界の著名な学者たちも見捨てたも同様であった土砂崩落に、龍丸はたった一人で立ち向かいました。

彼は砂漠地帯に生えているサダバールという樹をとってきて、砂漠の斜面に挿し木しました。そして、これが根を張ったところにユーカリを植えていくことにしました。

サダバールは、現地ではトゲがあり家畜が嫌がって食べない植物で、「役立たずの樹」として嫌われていました。しかし、サダバールは生命力が強く、小さく切って渓谷に投げ込むと、自然に芽を出し繁殖し、土砂崩れを止めました。

このような地道な作業を連日続けた結果、今ではシュワリック・レンジには、目が覚めるほどの鮮やかな緑の木々が生い茂り、その木々が土砂の崩落をくい止めています。

砂漠化の原因は、森を伐採し尽くした結果であり、それを防ぐには植林しかないという龍丸の持論は、ここでも実証されたのでした。

龍丸のインドでの植林事業は、まさに粉骨砕身の闘いでした。日本政府からの援助はなく、学界からは黙殺され、国際文化福祉協会の財団法人認可申請も、いまだ認められていないといいます。

しかし、インドの人々は龍丸がもたらした緑の奇跡に驚き、感動し、そして惜しみない拍手を龍丸に送りました。龍丸も生前、「私の事業の中で、一番うれしかったのは、シュワリックの土砂崩れの克服だった」と語っていたといいます。

何百万、何千万人もの命を土砂崩れから救ったかもしれないのですから、一番やり甲斐のあった事業であることはよくわかります。そして、このような偉大な事業を、ＯＤＡ（政府開発援助）ではなく、まさに日本人に宿る「草莽崛起の精神」によって個人が行ったことが、本当に素晴らしいと私は思うのです。

第四章

# 様式美

——世界を驚嘆させた「創造性」

# 縄文土器で世界を席捲した「革命児」

## 岡本太郎《おかもとたろう》

### 日本美術界の異端児の「もう一つの顔」

岡本太郎《おかもとたろう》――「芸術は爆発だ！」という言葉で知られる、この芸術家を知らない日本人は、ほとんどいないでしょう。

芸術で名を成してからは、その独特なキャラクターをテレビで披露することも多く、「奇抜な人」「破天荒な人」という印象を持っている人が大半だと思います。

しかし、岡本太郎の生涯をひもといてみると、これは意外と知られていないのではないかという一面も、見えてくるのです。

たとえば、日本の縄文時代について、「文化」という切り口で迫った最初の人物は、岡本太郎だったといわれています。

煮炊きに使われるという、極めて日常的、実用的な土器に、実用とは一切無関係な、精緻な文様が施された縄文土器。約一万六〇〇〇年前～二三〇〇年前に存在していた人々に、すでに「装飾」という観念があったこと、それもかなり高いレベルであったということで、今でこそ高度な芸術性が認められています。

しかし、岡本太郎が芸術的価値を見いだす以前は、縄文土器は単なる「工芸品」として扱われていました。その価値を評価しきれていなかったわけです。

太郎には、芸術家としての顔のほかに、民族学者としての顔がありました。漫画家の父・岡本一平の仕事の関係でパリに移り住んでいたころに、パリ大学のマルセル・モースのもとで民族学を学んだのです。

ときは一九三〇年代、第二次世界大戦が勃発する直前のことです。父・一平の仕事というのも、朝日新聞の特派員として、ロンドン軍縮会議を取材することでした。きな臭い時代にパリに渡ったことは事実ですが、そこで民族学を学んだことは、太郎のその後の創作活動に大きな影響を与えました。中でも、とりわけ大きかったのが縄文土器との出会いだったというわけです。

フランスから帰国した太郎が、初めて縄文土器を目にしたのは、東京国立博物館の陳列棚でした。そこで見事なまでの装飾に衝撃を受け、太郎は文芸雑誌『みづゑ』に「四次元との対話――縄文土器論」を寄稿します。

これを機に、日本の美術史は大きく塗り替えられることになります。それまで、日本文化の源流は弥生時代とされていたものが、それより以前の縄文時代であると捉えなおされたのです。縄文文化の衝撃は、太郎を通じて建築界やデザイン界にまで派生し、一大「縄文ブーム」が起こったそうです。

その後も太郎は縄文文化の研究に熱中し、何冊も関連書籍を著しました。

## 型破りな少年

岡本太郎は一九一一年、漫画家の父・一平と歌人で小説家の母・かの子の間に生まれます。

父は成功した漫画家でしたが、大変な浪費家であり、比較的大きな収入のほとんどを付き合いなどに使ってしまっていたといいます。

母は母で、名家出身のお嬢様であり、ろくに世間を知らず、また家事なども一切できないまま一平と結婚しました。自身もアーティストであった母は、「創作のパートナー」と称する愛人を自宅に住まわせていたそうです。

太郎の異端児気質は、この両親の影響であることはたしかでしょう。青山の名門私立小学校に入学したものの、周囲に馴染めぬまますぐに退学しています。その後も小学校を転々とし、最終的には慶應幼稚舎（小学校）に落ち着きます。成績はビリケツだったようですが、このころから絵を描くことは好きだったといいます。

慶應義塾普通部（旧制中学校）を卒業すると、東京藝術大学の前身である東京美術学校へ進学。これと時期を同じくして、父・一平がロンドン軍縮会議の取材でパリに派遣されることになり、太郎は休学。岡本一家はパリに渡ります。

絵は好きだが、何のために描くのか——。当時、そんな疑問を抱いていたという太郎にとって、きな臭い世情とは裏腹に、パリでの生活は刺激に満ちたものだったに違いありません。

事実、両親の帰国後もパリに残った太郎は、やがて、キュビズム時代のパブロ・ピカソの絵と出会い、「ピカソを超えてやる」という野心を抱くようになります。「何のために描くのか」という漠然とした疑問も、ここで吹き飛んでしまったはずです。

また、民族学を学んだのもパリ在住中であったことは、先ほど述べた通りです。

かつて日本の学校に馴染めず、転入学を繰り返した太郎は、パリで、「自分はもっと自由に生きていいんだ、自由に表現していいんだ」と感じたのかもしれません。

## 「太陽の塔」と対をなす大作の秘めたる力

しかし、そんなパリ生活も、一九四〇年、ナチス・ドイツのパリ侵攻によって、突然、終止符を打たれてしまいました。

日本に帰国した太郎は、在欧中に描いた作品が二科展《にかてん》で受賞したり、個展を開いたりと、画家として順調なスタートを切ります。

しかし太郎もまた、戦争と無縁ではいられませんでした。一九四二年から一九四五年の終戦まで、太郎は、三〇代という比較的高齢ながら中国戦線へと送られ、厳しい兵役生活を送ったといいます。

終戦後、太郎は再び芸術活動を本格化させます。国立博物館の一室で縄文土器に出会い、雑誌に寄稿したのも、戦後間もない頃のこと。出版社からの引き合いもあって、創作活動と同時に、芸術論などの著作活動にも精力的に取り組みました。

太郎の名声は次第に高まっていき、そしてついに、あの代表作へとつながります。大阪万博会場に設置された巨大モニュメント「太陽の塔」です。私も岡本太郎といえば、やはり「太陽の塔」の印象が最も鮮烈です。

塔のてっぺんの「黄金の顔」、中央前面の「太陽の顔」、そして背面に施された「黒い太陽」——これら三つの太陽の顔は、それぞれ「未来」「現在」「過去」を象徴しているといわれています。また、塔の内部には「生命の樹」と題し、下から上へと伸びる形で、生命の歴史がかたちづくられています。

ちなみに、万博開催当時には、塔の地下展示場に「地底の太陽」も展示されていました。ところが、これは万博終了の撤去作業のどさくさで行方不明となり、今なお「幻の第四の顔」となっているそうです。

一見、異様とも受けとれる「太陽の塔」の造形から感じられるのは、圧倒的なまでのエネルギーでしょう。太郎は、過去から現在、未来へと連綿と続いていく「生命」というものの力強さを、塔全体で表現したのです。

この「太陽の塔」と同時制作され、対をなすといわれる大作が、壁画「明日の神話」です。メキシコのホテルオーナーからの依頼で作成されましたが、完成品が展示されるはずのホテルの建設が頓挫し、この壁画は長年、行方不明になっていました。

太郎の秘書であり養女、そして生涯のパートナーともいわれる岡本敏子は、「明日の神話」を「岡本太郎の最大にして最高の作品」と評し、ずっと探し続けていました。それがメキシコの郊外の町で発見されたのは、二〇〇三年のことです。損傷がひどい部分があったものの、日本で丁寧に修復され、今では東京・渋谷駅構内で大勢の往来を見下ろしています。

渋谷駅で実際に見たことのある人は、おわかりになるでしょうが、「明日の神話」から伝わってくるエネルギーは、「太陽の塔」に勝るとも劣りません。

モチーフは、一九五四年、アメリカによる水爆実験の被害にあった第五福竜丸です。「原爆の記憶は、日本人が受け継いでいかなくてはいけない」と考えていた太郎には、原爆を主題とする作品が、あと三作品あります。ただ、「明日の神話」に描かれているのは、原爆の悲惨さだけではありません。

壁画の中央には、火に焼かれる骸骨。そこからは閃光のような太く白い筋が描かれ、爆弾が炸裂する瞬間を描いたものであることが見てとれます。

しかし、壁画全体から受ける印象は、嘆きや悲しみよりも、たくましく、みなぎる生命のエネルギーです。

その題名――「明日の神話」が表す通り、この壁画に込められているのは、大きな悲劇や混乱にあってもなお、人々はそれを乗り越えて生きていくんだ、そして果てしない命の連鎖で「明日の神話」をつくっていくんだ、という強いメッセージなのです。「命本来の力強さ」を表現したという点で、まさに「太陽の塔」と対をなす大作といえるでしょう。

## 太郎はピカソを超えたのか

パリでピカソの絵に出会い、「ピカソを超えてやる」という情熱を抱いた太郎は、はたしてピカソを超えたといえるでしょうか。

世界での知名度、作品数、寿命、いずれにおいても、ピカソは稀代の大芸術家ですから、さすがに太郎がピカソを超えたとまではいえないかもしれません。

それでも、太郎は戦前、戦中、戦後という激動の時代を、芸術や民族学に対する熱い思いを持って駆け抜け、多くの芸術作品と文化的功績を残しました。

自身の表現欲に突き動かされるだけでなく、アカデミックな関心事にも心血をそそいだ太郎を、ピカソとはまた別の意味合いで、稀代の大芸術家と呼んでも、おそらく誰も異論はないでしょう。

# 世界に発信された「都市」としての東京

石《いし》岡《おか》瑛《えい》子《こ》

## 「ファッションの街東京・渋谷」の生みの親

「女たちよ、大志を抱け！」

「あゝ原点」

「人生は短いのです。夜は長くなりました」

「女は明日に燃えるのです」

「男は明日を見つめるのです」


こうした印象的なキャッチコピーに、強く訴えかけるような人物写真。そして、デカデカと印刷された「ＳＨＩＢＵＹＡ　ＰＡＲＣＯ」の文字――。一九七〇年代から八〇年代に青春を過ごした人であれば、きっと鮮明に覚えていることでしょう。

私も、あの広告を初めて見たときには「このセンスはパリやニューヨークでも勝負できるに違いない」と驚いたものです。当時、次々と繰り出されたパルコの広告のインパクトは、今でも忘れられません。

パルコは、ファッション系のテナントを集めた商業ビルです。中身だけを見れば、似たような店舗を集めた商業ビルは、ほかにもあるといっていいはずです。それでもパルコが一九七〇年代、八〇年代に一世を風靡したのは、「広告の力」が大きかったからだと思います。

広告の主たる役割は、「イメージ」を売ることです。おしゃれでかっこよくて、セクシーでパワフルなパルコの広告によって、パルコのある渋谷という土地そのものに、「最先端ファッションの発信地」というイメージが定着しました。

それだけではありません。パルコは地方にもたくさんありますが、あの広告が掲げられていることで、どこのパルコに行っても、渋谷にいるかのような気分を味わえるのです。

地方にいながらにして、東京の最先端文化の一部になれた気分に浸れる。だからこそ、パルコの中にあるショップ自体はほかの商業ビルにも入っていたとしても、やはりパルコに行きたくなる。これも、広告の大きな効力といえます。

実は、登記上、パルコの「本店所在地」は池袋になっています。でもパルコといえば、やはり渋谷というイメージではないでしょうか。

そんな強烈なイメージの生みの親こそ、アートディレクター・石岡瑛子《いしおかえいこ》です。

石岡が広告業界に飛び込んだのは一九六〇年代、まだまだ社会は男性優位で、働く女性に対する偏見も強かったころのことでした。それでも石岡は精力的に仕事をこなし、国内外から高い評判を勝ちとっていったのです。

## 「お茶汲みは致しません」——資生堂でキャリアをスタート

一九三八年に東京に生まれ、東京藝術大学美術学部を卒業した石岡のキャリアは、資生堂からスタートしました。

当時、女性社員の役割といえば、お茶汲みや事務作業、オフィスの掃除などでしたが、石岡は資生堂の面接で、こう堂々と言い切ったそうです。

「もし、私を採用していただけるとしたら、グラフィックデザイナーとして採用していただきたい。お茶を汲んだり、掃除をしたりするような役目としてではなく。それからお給料は、男性の大卒者と同じだけいただきたい」

面接官はさぞかし面食らったに違いありませんが、その心意気が買われたのか、あるいは資生堂の上層部が、いわゆる「ウーマン・リブ」の潮流を先取りしたのか、ともかく石岡は晴れて資生堂に入社します。

結論からいえば、石岡を採用した資生堂は貴重な人材を手に入れたといって間違いないでしょう。石岡はグラフィックデザイナー、アートディレクターとして活躍し、広告界の大きな賞である電通賞と日宣美賞を連続して受賞。早くも広告界にその名を轟かせます。

初来日前の話なので私自身にリアルタイムの記憶はありませんが、資生堂といえば、若き日の前田美波里《びばり》が起用され、一大センセーションを起こしたサマーキャンペーンの広告を思い出す人も多いかもしれません。白い水着の健康美、ハツラツとした前田の写真に、キャッチコピーは「太陽に愛されよう」――これも石岡の仕事です。

石岡が美術を学んだ東京藝術大学は、芸術系大学としては、日本最高峰です。といっても、東京藝大を出た人がすべて、一流のアーティストとして名を馳せるわけではありません。世間を驚嘆させるセンスとは、技術や知識を勉強するだけで身につけられる類のものではないからです。

石岡にしても、アカデミックな知識は大学で得たのでしょうが、あの独特で鮮烈なセンスは天性のものなのでしょう。

## 独立、そして単身アメリカへ

資生堂の広告アートディレクションで、めきめきと頭角を現した石岡は、一九七〇年に独立、「石岡瑛子デザイン室」を設立します。

以降、最盛期を迎えつつあった高度経済成長の波に乗って、前述のパルコの広告や、角川書店の広告などを手がけていきます。パルコの広告では、たびたび広告賞を受賞しています。

資生堂でキャリアをスタートして以来、途切れることなくパワフルに仕事をこなしてきた石岡。その目はいつしか海外に向き、一九八〇年代には拠点をアメリカに移しました。

そこから、広告のアートディレクションにとどまらない活動が始まります。日本という国の枠を飛び越え、さらに広告という枠組みをも飛び越えて、石岡は、幅広い世界で才能を発揮していくのです。

その活躍ぶりは、華々しい受賞歴からも明らかでしょう。

一九八五年には、作家・三島由紀夫の生涯に題材をとった映画『MISHIMA: A Life In Four Chapter』で美術監督を務め、カンヌ国際映画祭芸術貢献賞を受賞。一九八七年には、ジャズミュージシャン、マイルス・デイビスのアルバム「TUTU」のジャケットデザインを手がけて、グラミー賞を受賞します。

日本人のグラミー賞受賞というと、坂本龍一や喜多郎が有名だと思いますが、石岡の受賞は、彼らよりも前でした。

といっても、日本人で初めてグラミー賞を受賞したのは、一九八一年のオノ・ヨーコです。ただ、これは前年に射殺されたジョン・レノンとの合作アルバムでの受賞であり、実質的に、石岡が日本人初の受賞だったといっていいでしょう。

その後も毎年のように何らかの賞を受賞し続け、一九九三年には映画『ドラキュラ』で、アカデミー賞の衣装デザイン賞を受賞します。現在、三〇代、四〇代であれば、この受賞で石岡の名を初めて知ったという人も多いかもしれません。「ドラキュラ」という題材は何ら新しいものではなく、数々の映画や文学作品、舞台で使われてきました。

そこで映画の製作陣は、セットなどにはあまりお金をかけず、まず俳優の演技、そしてコスチュームで「魅せよう」と考えたといいます。そして、さまざまなアートディレクターやデザイナーの作品を検討した結果、白羽の矢が立ったのが石岡だったというエピソードが伝わっています。

## 死の直前まで仕事に打ち込む

これらの受賞作品以外にも、石岡は、映画、舞台、ミュージックビデオなど、各方面で衣装デザインやアートディレクションを務めます。こうして国内外から高く評価され続けた石岡は、正真正銘の「本物」といっていいでしょう。

晩年の石岡はがんを患い、二〇一二年七三歳で死去しますが、おそらく死の直前まで仕事をしていたと思われます。

いわば「遺作」ともいえる作品は、ジュリア・ロバーツが「邪悪な女王」を演じた二〇一二年の映画『白雪姫と鏡の女王』です。この作品で石岡は衣装デザインを務め、アカデミー賞衣装デザイン賞にノミネートされています。惜しくも受賞は逃しましたが、晩年になってもなお最盛期だったのです。

石岡は、キャリアのスタート時点から決して自分を安売りせず、持てる才能、才覚をフルに生かし続けました。

そう考えると、改めて思い起こされるのは、やはりパルコの広告です。ときに挑みかかるように見る者をじっと見つめ返し、またときには奇抜なポーズを決め、またときに思索的な表情を浮かべている――。

数々のパルコ広告で使用された写真の女性たちは、ひょっとしたら、アートディレクター・石岡瑛子の姿そのものだったのかもしれません。

# 外国人コレクターを魅了した書と抽象表現の融合

篠田桃紅《しのだとうこう》

## 「アラハンブーム」で一躍注目された女流画家

本書の最後に是非取り上げたいのが、画家の篠田桃紅《しのだとうこう》です。

この名前を、近年の出版界を中心とした「アラハン（アラウンドハンドレット＝約百歳）」ブームを通じて知った方もいるかもしれません。というのも、篠田は一九一三年生まれ、つまり今年一〇五歳になりますが、今なお現役で活動中なのです。

二〇一五年に出版された『一〇三歳になってわかったこと』（幻冬舎）が五〇万部を超えるベストセラーとなったほか、『百歳の力』（集英社）、『一〇五歳、死ねないのも困るのよ』（幻冬舎）など、「アラハン本」が立て続けに出版されています。

スッと伸びた背筋に、穏やかな視線、全身から漂う凛とした雰囲気、そしてアーティストとして今も現役――そんな篠田の類いまれなる人生に、人々の注目が集まっているのもうなずけます。

しかし、彼女の「年齢」ありきで語られているようなのは、残念な気もします。年齢はどうあれ、素晴らしい作品を生み出し続けていることには変わりないからです。篠田本人だってきっと、「百歳を超えても描いているのは、すごいでしょう」なんてつもりはないはずです。ただただ、ひたすら自分が理想とする芸術を追い求めてきた。おそらく、一〇五歳で今なお現役というのは、その結果にすぎない。いや、もっといえば過程にすぎないのではないでしょうか。

## 『桃紅一〇五歳　好きなものと生きる』

篠田のプロフィールを見ると、現在は東京在住とあります。仕事場に加えて、山中湖の近くに山荘を持っており、年に二カ月ほどは、そちらで過ごすといいます。

これら篠田の「お城」ともいえる場所にとりそろえられた、「みんな衝動買い」と本人が語る家具や食器などの道具たち。その写真を篠田のエッセイとともに一冊にまとめた書籍『桃紅一〇五歳　好きなものと生きる』（世界文化社）からは、題名の通り「好きなもの」とともに、心豊かに暮らす篠田の姿が伝わってきます。

中でも山中湖で過ごす時間を、篠田は、こう表現します。

「人は、いつも何かに対応しているというのでは、一種の機械です。ただ、何かの用を足しているにすぎません」

「無用の時間、用を足していない時間を持つことは、非常に大事」

「自然のなかにいると、一杯のお茶を飲んでも、ああ美味しいと思えます」

――自分で選んで買った好きなもの、そして富士山を臨む大自然に囲まれて、何も用を足さない「無用の時間」を過ごす。きっと、こうした日々の中で、篠田の創作の感性は、さらに研ぎ澄まされているのでしょう。

## 外国人に人気が高い理由

では篠田は、どんな作品を生み出してきたのか。あまり知られていないかもしれませんが、篠田の絵は、実は外国人の間で一定の人気を集めています。少なくとも私の仲間の間では、篠田は大変な有名人になっています。

気になった方は、是非、「篠田桃紅」で画像検索をしてみてください。

墨汁や金箔、泥など、日本画の画材で描かれたモダンな抽象画。これが外国人に非常に好まれているテイストなのです。

和室にも洋室にも合いますから、私の知る東京在住の外国人たちは、本国に帰国するとき、日本で購入した調度品は手放したとしても、篠田の絵は手放さずに持ち帰り、本国の自宅にも飾ります。

篠田の絵は、実は私も持っています。東京で家を建てたときに買いました。画廊で初めて見たときに上品でモダン、それでいて日本の伝統も感じさせる篠田の作品を、ひと目で気に入ってしまい、その場で購入しました。

購入した作品は二枚が連作になったものと、三枚が連作になった二つの額で、価格は合わせて百万円弱だったと思います。決して安いわけではありませんが、作品に惚れたとなれば決断力次第で手の届く金額というのも、うれしいところだと思った記憶があります。まず篠田の絵を買い、その絵に合わせて家具を買いそろえたというくらい、篠田の絵は、私の東京の家のインテリアの中核を担っています。そうしたくなるほど存在感のある、素敵な絵だということです。もちろん、もし日本を離れるようなことになっても、篠田の絵だけは持っていこうと思っています。

その後、東京の草月会館で開催された篠田の展示会に出席したことがあります。そこでご本人にお会いできたことはとても嬉しくて、大変光栄でした。また、展示会には、故・高円宮殿下と久子妃殿下がご夫妻でいらしていたのも、懐かしい思い出です。

そこまで大々的な展示会だったわけではありません。それでもなお、皇室の方まで展示会にいらっしゃるということは、やはり、ひとかどの画家なのだなと、当時、思いました。さらに、天皇皇后両陛下がお過ごしになられるダイニングルームには、篠田の大型の作品が飾られていると、そのとき久子妃殿下から伺いました。篠田の作品を所有していることを、ますます誇りに思いました。

## 「根なし草」と称された特異な創造性

一九一三年、関東州（満州）に生まれた篠田は、戦前に父の転勤で東京に移り住み、父の手ほどきで五歳から書を習い始めます。二二歳ごろ早々に教える立場となり、一九三六年、二三歳にして銀座・鳩居堂《きゅうきょどう》で初の個展を開きました。

早くも書の方面で芸術的才能を発揮したわけですが、批評家の間で下された評は「根なし草」というものでした。

そのころの篠田の書が、どのような作品だったのか。あるいは「根なし草」という評にはどんな真意があったのか。それは知る由もありませんが、類推するに、篠田の作品は伝統的というよりは革新的だったのでしょう。

伝統を出発点としながらも、伝統だけでは理解できないセンスで描かれたもの——「根なし草」という当時の批評家の評は、篠田の作品に対する驚きと当惑の表れだったのかもしれません。

そんな篠田が、自らの美的センスを書から抽象画にまで発展させていったことには、何の不思議もありません。戦後、篠田は既存の枠組みにとらわれない、独自の書のスタイル、独自の日本画のスタイルを確立していきました。

## アメリカで認められ、日本へ逆輸入

書の枠を超えた篠田の抽象画が認められたのは、篠田が、次第に海外で注目されるようになってからのことでした。ニューヨーク近代美術館への出展をはじめ、ワシントンやサンパウロで作品が人目に触れ、注目度が高まっていったようです。

そんな中、満を持してというべきか、一九五六年に篠田はニューヨークで創作活動をスタートさせます。四〇代半ばのことでした。

その後、あっという間に名声は広がり、展示会を開けば、すぐに見識の高いコレクターの買い手がついたといいます。また、ニューヨークではジャクソン・ポロックの抽象画に出会い、大きな影響を受けました。

篠田のニューヨーク生活は、しかし約二年で終わります。アメリカの乾いた気候が墨汁に合わなかったというのが、わずか二年で日本に戻った理由だったといいます。

一九五八年に日本に帰国したときには、「ニューヨークで活躍した女流画家」ということで日本の衆目を集めました。日本のメディア対応に追われる中、篠田は再び制作拠点を日本に築きます。

その間にも、知人のすすめでリトグラフ制作にも着手するなど、創作の幅を広げていきました。拠点をどこに置こうとも、創作にかける篠田の意欲は、止まるところを知らなかったようです。

## 自国内の才能を見いだす審美眼に乏しい日本人

書道と近代抽象表現を融合させた篠田の作品は、一九八三年、『タイム』誌で「ピカソに相当する功績」と評されています。

やはり海外で根強い人気があり、ニューヨーク近代美術館をはじめ、グッゲンハイム美術館、メトロポリタン美術館、大英博物館、クレラー・ミラー美術館（オランダ）など、数々の海外の美術館が、篠田の作品を蒐集、所蔵しています。

日本の優れたクリエイターが、まず海外で高く評価され、本国・日本に逆輸入される話は、珍しくありません。外国人の間で人気が高まり、期せずしてニューヨークから日本へ「凱旋帰国」という形になった篠田もまた、その一人といえるでしょう。

こういう話に触れるにつけても、つくづく日本人は、自国内の才能を見いだす審美眼が乏しすぎると思えてなりません。篠田に対しても、「百歳を超えて現役なのはすごい」といった見方のほうが多いのではないでしょうか。

しかし、最初にも述べたように、篠田が何歳であろうと、その作品の素晴らしさは変わりません。私からすれば、なぜ、篠田の作品そのものを、日本人がいち早く評価できなかったのか、不思議でならないのです。

「海外で認められた」というお墨付きがなくては評価できないというのは、日本国民としての自信や誇りが持てないことの裏返しなのでしょうか。

だとしたら、今後、日本発の文化が、国内外でもっともっと自由に羽ばたけるようになるためにも、やはり日本人は、こうした才能あふれる人物の存在を通じて、民族としての自信を取り戻すべきだと思います。

「新しい人が、新しい文化をつくるかもわからない」

「万葉集の時代は素敵な文化があった、と私たちは語り継いでいます。私たちの時代の文化はどうなのでしょう」（『桃紅一〇五歳　好きなものと生きる』より）

篠田もこう書いているように、文化は常に移り変わります。世界を魅了するような文化が、ひょっとしたら今日もどこかで育まれているかもしれないのです。

草の根という意味では、新文化の担い手もまた、序章でもお話しした「草莽スピリット」の人々といえるでしょう。そういう価値あるムーブメントを、海外からの評価を待たずして、自ら見いだせる日本人であってほしいと願ってやみません。

# おわりに

本書では、様々な分野で、世界的なレベルで見ても偉大な功績を残した一二名の日本人の人生を取り上げました。また、前作の『日本人だけが知らない世界から尊敬される日本人』（ＳＢクリエイティブ）では、一五名の日本の先人たちの人生を取り上げました。

当然、私が尊敬に値すると考えたからこそ取り上げた人たちですが、中には、毀誉《きよ》褒貶《ほうへん》・賛否両論の評価を受ける人も含まれています。もしかすると、「私はこの人物を偉人として認めない」という読者もいたかもしれません。しかし、私は、それはそれでいいと思います。むしろ、そのほうが健全だともいえます。

自分の確固たる信念や価値観に基づいて、物事の是非や理非を自分で判断し、それを堂々と主張することは、民主主義社会における個人の権利であると同時に、義務ともいえます。「ケントが偉人というのだからこの人は偉人だ」という考え方は、実は無責任極まりなく、私が大嫌いな「権威依存症」の典型です。そして残念ながら、日本人の大多数は「無自覚な権威依存症」だと私は感じています。この悪しき思考パターンを個々人が変革できれば、日本は今以上に素晴らしい国になると考えています。

そもそも、意見や好き嫌いが一〇〇パーセント一致することなど、夫婦や親子ですらまずありません。一般的な家庭で大事に育てられた一卵性双生児は、DNAだけでなく生育環境も同一になるはずですが、生まれた直後から性格や行動がまったく違うケースは珍しくないのです。それが人間の個性なのに、赤の他人に一〇〇パーセント一致を要求するのは無茶苦茶です。九九・九パーセントまで同じでも、残り〇・一パーセントの考えが違うという理由で、昨日まで仲間だった人の全人格を否定しようと試みる人を、ツイッターなどのSNSではときどき見かけますが、それは「ファシスト（全体主義者）」と呼ばれても仕方がない不健全な思考回路だと思います。

とはいえ日本人は、「自分の頭で考えた意見を主張する」よりも、「空気を読んで周囲の意見に自分を合わせる」ことを重視する傾向があります。そのほうが、誰かに批判される心配が少ないのかもしれません。常に多数派でいることが勝ち組だと考える人もいるでしょう。もしかしたら、ただ単に「楽だから」という理由かもしれません。それこそ「個人の自由」であり、私がとやかくいう問題ではないかもしれません。

しかし、本書と前作で取り上げた日本の偉人たちは全員、それとは正反対の行動を取った人たちなのです。「自分の行動を他人はどう思うだろうか」とか、「この問題に取り組んだら苦労するのではないか」などとは考えず、自分の信念と価値観に従い、勇気をもって行動し、ベストを尽くしたのです。だからこそ彼らは後世に残る偉大な業績を上げたのです。多くの人は今、「長いものには巻かれろ」や、「自分の人生を楽に過ごして何が悪い」という考えを持っているかもしれません。しかしそれは、自分の人生の可能性を自ら摘み取る思考パターンです。そのような人が考えや行動を少しずつ改善していけば、日本は再び世界に誇る大国として復活を遂げるはずです。

二〇一八年七月

ケント・ギルバート

著者略歴

## ケント・ギルバート

1952年、アイダホ州に生まれ、ユタ州で育つ。1970年、ブリガムヤング大学に入学。翌1971年にモルモン宣教師として初来日。その後、国際法律事務所に就職し、企業への法律コンサルタントとして再来日。弁護士業と並行してテレビに出演。2015年、公益財団法人アパ日本再興財団による『第8回「真の近現代史観」懸賞論文』の最優秀藤誠志賞を受賞。
『日本人の国民性が外交・国防に及ぼす悪影響について』と題した論文は、日本人の誠実さなどを「世界標準を圧倒するレベル」と評価。一方、その国民性が「軍事を含む外交分野では最大の障害になる」とした。
著書に、『儒教に支配された中国人と韓国人の悲劇』(講談社)『ついに「愛国心」のタブーから解き放たれる日本人』『まだGHQの洗脳に縛られている日本人』(以上、PHP研究所)などがある。

【大活字版】

# 日本人《にほんじん》だけが知《し》らない本当《ほんとう》は世界《せかい》でいちばん人気《にんき》の国《くに》・日本《にっぽん》

2019年7月15日　初版第1刷発行

著　者　ケント・ギルバート
発行者　小川 淳
発行所　SBクリエイティブ株式会社
〒106-0032　東京都港区六本木2-4-5
電話：03-5549-1201(営業部)

装　丁　長坂勇司 (nagasaka design)
写　真　稲垣純也
本文デザイン・DTP　荒木香樹
編集協力　杉本達昭、福島結実子、株式会社アイ・ティ・コム
編集担当　小倉 碧
印刷・製本　大日本印刷株式会社

落丁本、乱丁本は小社営業部にてお取り替えいたします。定価はカバーに記載されております。本書の内容に関するご質問等は、小社学芸書籍編集部まで必ず書面にてご連絡いただきますようお願いいたします。

本書は以下の書籍の同一内容、大活字版です
SB新書「日本人だけが知らない本当は世界でいちばん人気の国・日本」



ISBN 978-4-8156-0212-3